21世纪社会工作案例教材

# 社区工作案例教程

高　琦　李卫华　主　编
隋玉杰　王　析　蒋利霞　执行主编

**编委会名单**



中国人民大学出版社
·北京·

# 序

高 琦

社区工作是街道工作的基础。在党和政府领导下的社区工作是街道各项工作的出发点和落脚点。

社区工作面对社区居民，依托社区力量，整合社区资源，从而解决社区问题，强化社区功能，促进一个小小社区协调发展，日益和谐。可以说，社区工作是一项事业，并已成为一个专业领域。它是政策性工作、科学性工作，更是包含为人处世方式的艺术。

一个成功的社区工作者，秉承着高度的社会责任感和荣誉感，与社区居民结成伙伴关系，以“群众路线”为指导，借助专业的沟通技巧与工作方法，对社区各项事务和人际关系进行有效协调，使社区始终保持着旺盛的良性发展态势。可以说，每一个社区工作者身上，都有着服务社区、贡献社会的闪光点；每一个社区工作者心中，都有自己独特的沟通邻里、解决问题的“金点子”；每一个社区工作者涌动的奉献精神，都值得我们尊敬、理解与学习。

《社区工作案例教程》以建国门街道在社区工作方面的实践为蓝本，是我们与中国人民大学社会与人口学院社会工作系师生合作的政府购买服务项目的成果。它既描绘了社区工作者的日常工作，也总结提炼了社区工作的价值追求和知识要点，希望这些社区工作者的经验能为基层社区的同行们推动社会服务管理创新提供参考。

社区工作者在社区辛勤耕耘，以满腔热情服务于居民、不厌其烦于琐碎、吃苦耐劳于日常、平和心态于奉献。本书 23 个案例全部来自一线社区工作者，他们当中许多人是北京市招考的第一批社区专职工作者，十余年风雨社区路，经历社区规模调整、数次“两委”换届。他们从青葱少年到为人父母，从不惑之年到两鬓微霜，与肆虐的SARS战斗，于盛夏守望北京奥运会，为新中国成立六十周年庆祝活动护航……他们有的成了社区党委书记、服务站站长，有的获得了诸多市级、区级荣誉称号。他们为社区贡献了青春、奉献了自我，甚至付出了生命，也得到了来自党和政府、来自社区居民最真挚的肯定。

23个社区案例，涵盖环境卫生、城市秩序、邻里纠纷、养老扶贫等方方面面问题，以翔实的事件描述、真实的社会工作者体会，辅以较为深入的案例点评与理论拓展，对各个案例进行了细腻的剖析，使每个案例兼具资料价值与可操作性，从而使本书在指导社区实际工作方面有了一定意义。

社区工作涉及众多服务领域和学科知识，本书的编纂人员虽力求案例完整，解析到位，知识匹配，但难免有疏漏之处，我们以此书抛砖引玉，期待读者不吝赐教！

二〇一三年八月

# 目录

# 案例一 解除劳教人员就业

## 一 案例简介

### (一) 事件描述

某社区某胡同住着一位王先生，他在年轻的时候因为触犯法律曾先后被劳教两次，今年已经40岁了，但还是没有稳定的工作，生活无着落。在劳动改造期间，其父母户口迁入北京城区，等到王先生解除劳教时，他还是外地农村户口，加之两次劳教经历，在社会上就业饱受歧视。虽解教后娶妻生子，但由于一直无稳定工作，生活无保障，家庭关系十分紧张，危机重重。

随着王先生的父亲下岗失业，全家人失去基本生活保障来源，五口人全部依靠王先生父亲的微薄补偿金艰难度日。前两年，王先生的母亲为缓解家庭的经济压力，开始拖着瘦弱的身体沿街叫卖北京地图等小物品，然而这些都难以有效缓解整个家庭的拮据状况。在此情况下，王先生的妻子感觉待在这个家庭生活没有希望，于是带着女儿回到娘家，不再踏足婆家。

王先生人到中年，却与妻子儿女不能相聚，父母在堂而不能尽孝，痛苦之情无以言表。他求助无门，终日以泪洗面，渐渐产生轻生的念头。

### (二) 社会工作介入

在社区服务站得知王先生的境况后，社区书记、服务站站长以及劳动保障助理多次到王先生家中探访。在与王先生多次交流沟通后，社区工作人员发现了三个情况：

第一，王先生的户籍不在北京，无法为其办理北京市居民应享有的低保救助等。在这种情况下，王先生无法依照程序获取政府的救济服务。

第二，王先生人到中年，有两次劳教经历，在社会上找工作面临信任危机。从现实情况看，有过劳教经历的人完全依靠自己的努力去寻找工作是十分困难的事情。

第三，王先生精神状态不佳，有轻生的念头。这些是因家庭困难引发的，只有缓解了王先生家庭的经济困难，才能把王先生的精神状态彻底扭转过来。

面对这些情况，社区服务站的工作人员感到有些棘手，毕竟他们之前也没有遇到过这种事情。但是，既然王先生是社区的一分子，社区服务站就要想方设法为他解决困难。

社区服务站工作人员经过深入探讨，认为王先生虽然有很多缺点，但同时也有优点：

第一，王先生虽然40岁，但还可以从事一些对个人能力素质要求较低的工种，就业市场上还有他的一席之地。

第二，在访谈过程中，社区服务站的工作人员发现，在经过两次劳教后，王先生已经彻底改变了先前的犯罪心理，在岁月的磨砺下，他变得稳重而朴实，让人信得过。

在经过这样的优缺点分析后，社区服务站工作人员对王先生充满信心，同时也跟他谈心，鼓励他要相信自己，改变自己的精神面貌，迎接生活的新挑战。接着，社区服务站向社会单位推荐王先生，但结果不理想，他先后被12家单位拒绝。然而社区服务站工作人员并没有放弃，后来，他们找到社保所再就业中心，在那里帮王先生寻找了三个月工作，结果也没有聘用消息。最后，社区干部分头行动，联络自己的关系网来帮助王先生找工作。通过朋友介绍推荐，社区服务站李同志为王先生找到一份仓库管理员的工作。库管员需要别人的信任，王先生在接手这个工作后，觉得自己又赢得了别人的信任，非常开心。经过三个月的工作，他已经喜欢上这份工作。由于其工作表现好、勤劳肯干、吃苦耐劳，单位为其提高了工资待遇，如今他的月薪已将近两千元。

王先生的父母更是高兴，多次到社区致谢，特别感谢为给王先生找工作而奔走的社区干部和社区服务站的同志。而选择离去的妻女在得知王先生有大的转变后，正考虑择时回家与家人团聚。回首曾经长时期痛苦、压抑、自闭的生活，王先生很有感触地说："是社区救了我，当时死的心都有过，我很珍惜今天的工作，一定要把工作干好，让父母放心，让社区关心过我的人放心。"

## 二 社区工作者的心得体会

这个案例过去有段时间了，但是我还清晰地记得当时王先生的艰难处境。这个人小时候在北京犯了错误，被送到劳教所。在劳教期间，其父母的户口被调至城市，但是他的户口还在原籍农村，他的户口转不成北京城市户口。他解教后就业面临问题，同时又不能享受北京市相关保障待遇。日子每况愈下，妻子带孩子回到娘家。在妻离子散的境地下，他有过轻生的念头。我们看到这种情况，向他伸出援手，亲自去联系帮助他找工作，历经几个月，终于为他找到了一份库管员的工作，他很珍惜，干活踏实。

我觉得这个问题能够有效解决的关键在于相互建立了信任。他信任我们这些社区工作人员，愿意把心里话告诉我们，跟我们分享他的想法，让我们帮助他想办法改善生活境况。我们相信他会努力改变，所以全力帮他找工作。功夫不负有心人，经过几个月的努力我们终于为他找到了工作。他很感激，全身心地投入到工作中，进步很大，而且屡次获得单位的奖励。后来他的父母到居委会来表示感谢，我们觉得非常开心，能够为困难家庭办点儿实事，使他们渡过难关，我们的付出很值得。

## 三 案例点评

本案例讲述了社区工作人员如何帮助解除劳教人员再就业进而改善困难家庭境况的过程。通过本案例，我们可以发现：

首先，社区工作者客观分析了王先生的优缺点，全面掌握了王先生的优势和劣势（见图 1—1）。

在案例中，社区工作者分析出王先生有三条劣势，即无法申请低保救助，两次劳教经历，精神状态不佳三点。但与此同时，社区人员也看到了王先生的优势，即他虽年纪大但依然处于壮年，可以胜任很多工作，以及他稳重而朴实，让人信得过。经过这种全面分析，社区工作者自己增加了处理好这件事的信心。

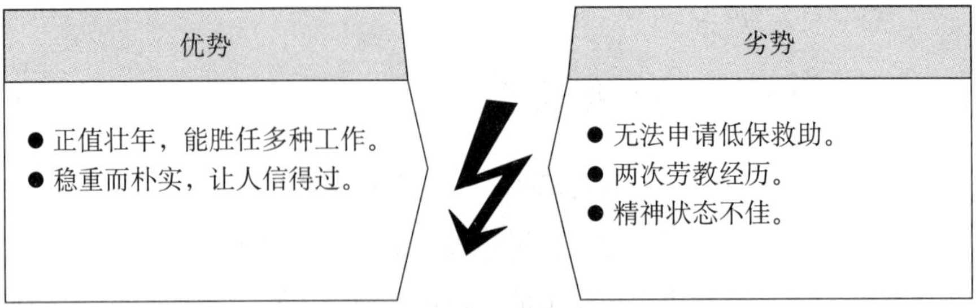


**图 1—1　服务对象的优势与劣势分析**

其次，社区工作者能够抓住个案的核心问题，那就是信任关系。王先生的生活每况愈下并产生轻生的念头，关键在于信任的缺失：社会不信任刑满释放的王先生，以至于处处排斥他；王先生不相信社会能够接纳他，以至于精神状态不佳并产生轻生念头。这样的恶性循环导致了王先生整个家庭状况的恶化。社区工作者抱着同理心，拿出工作热情，用锲而不舍的精神赢得了王先生的信任，通过与其的接触了解也让社区工作者对王先生树立了信心。

## 四　理论拓展

本案例中，社区工作者客观地分析了王先生的优缺点，并从王先生的优势出发为其积极寻求工作岗位，以极大的信任激发王先生突破自己、走出困境的潜能，最终帮助王先生克服困难，实现了人生境况的转变。

“优势视角”是社会工作领域一个相对而言比较新的理论视角，它首先由美国堪萨斯大学社会福利学院教授丹尼斯·萨利贝（Dennis Saleebey）在《优势视角：社会工作实践的新模式》一书中提出，是指“社区工作者所应该做的一切，在某种程度上要立足于发现、寻求、探索及利用服务对象的优势和资源，协助他们达到自己的目标，实现他们的梦想，并面对他们生命中的挫折和不幸，抗拒社会主流的控制。这一视角强调人类精神的内在智慧，强调即便是最可怜的、被社会所遗弃的人都具有内在的转变能力”。概括地说，优势视角就是着眼于个人的优势，以利用和开发人的潜能为出发点，协助其从挫折和不幸的逆境中挣脱出来，最终达到自我提升、实现理想的一种思维方式和工作方法。

优势视角反对将服务对象问题化，其关注点在于他们的优势、潜能和成绩，超越了社会工作的传统理论模式，这一突破在社会工作领域具有“范式革命”的意义。

**1. 优势视角的原则**

(1) 每个个人、团体、家庭和社区都有优势。

(2) 创伤和虐待、疾病和抗争具有伤害性，但它们也可能是挑战和机遇。

(3) 与服务对象合作，我们可以最好地服务于服务对象。

(4) 所有的环境都充满资源。

(5) 注重关怀、照顾和优势脉络。

**2. 优势视角的核心信念**

(1) 优势。

萨利贝认为几乎所有的事情在某种特定的条件下都可以被视为优势，包括体验、个人品德、天赋、感悟、故事、灵性和社区资源。人们在创伤、疾病、困惑、压迫之中挣扎和抗争时，能够从自己、他人和周围世界获得东西，获益于困难和失望的经验。人们在经历痛苦和危难之后可能伴随着成长，因为在人们遇到新的挑战之时，曾经面对的困难甚至创伤性事件或许能使他们具有更大的信心或者提升其应对逆境的能力。

(2) 赋权。

赋权是社会工作者支持服务对象发现满足自身需要的各种可能办法的过程。在实际工作过程中，工作的重心是要帮助服务对象在影响自己生活的事务上做出理性决定。

（3）成员资格。

优势视角要求社会工作者承认所有的服务对象与自己一样，是一类成员，并享有随之而来的自尊、尊重和责任，而不是将其身份边缘化和异化。成员资格的另外一个意义在于人们必须走到一起，让他们的声音被听到，需要得到满足，遭受的不公平受到重视，从而实现他们的梦想。

（4）抗逆力。

抗逆力被视作人类天生的一种潜能，抗逆力是从积极心理学视角挖掘求助者的内在潜能，不再单纯关注问题的负面影响，而是强调人在面对压力、逆境时的潜能激发和自我超越。抗逆力研究发现，每个人都有抗击逆境的潜质，人在面对危机和困境时，潜质被唤醒，生成应对困难的力量。

## 五 资源链接

（1）［美］Dennis Saleebey. 优势视角：社会工作实践的新模式．上海：华东理工大学出版社，2004.

（2）［英］Malcolm Payne. 现代社会工作理论．上海：华东理工大学出版社，2005.

## 六 案例涉及的行政资源

街道社保所、信访办等。

# 案例二 社区社保信访

## 一 案例简介

### (一) 事件描述

某年国庆前夕，社区居委会接到市区两级相关部门的指示，要求社区配合解决一件涉及社区居民的举报案件，切实解决社区矛盾，维护居民利益，保持社区稳定。详细调查了解得知，社区内有一名老党员王某连续9次给市里某领导写信反映家庭问题，信中言论比较偏激。

通过了解得知：老王在几年前因企业倒闭下岗，在外打零工，孩子工作也不稳定，全家唯一稳定的收入就是妻子的退休金，但是很微薄。全家人住在10平方米左右的平房内，孩子只能睡沙发，生活十分拮据。他本人是个复员兵，在单位工作时从事过有毒作业，按照规定可以在55岁办理提前退休，家人也盼望他退休后家庭生活能得到改善，但没想到老王下岗后因工作档案问题不能办理提前退休，也不能办理低保，为此老王十分气恼。

几年来，他多方投诉始终未果。让他想不通的是，由单位记录和保管的个人档案一直都是企业负责的，那么企业的过失为什么让个人来承担！他又听说那些没有从事过有毒有害工作的同事通过弄假证明都能办理提前退休，而他实实在在地从事过有毒有害工种却办理不了提前退休，甚至上告无门。从此他变得郁郁寡欢，不愿与人沟通，性格也变得极为孤僻。他不让下户的社区工作者进门，也不参与社区组织的各项活动，对社区人员回避。另外，他妻子平日在家中较为强势，让他感觉在家很没地位，家庭生活不和谐。他经常一个人去公园独处，日子久了，产生了过激言论和想法。

### （二）社会工作介入

社区了解情况后，马上召开了班子会，从以下方面对该事件进行了细致分析：

（1）老王的个人及家庭成员背景。

（2）老王的经济状况。

（3）老王的精神状况。

（4）老王的日常活动情况。

通过对以上四点的分析，社区班子了解了老王及其家庭的基本情况，并提出了应对方法，具体见表2—1：

**表2—1　　服务对象的基本情况、问题与应对方法**

| | 个人背景 | 经济状况 | 精神及活动状况 | 问题症结 | 社区举措 |
|---|---|---|---|---|---|
| 老王 | 1. 因企业倒闭而下岗。<br>2. 打零工。 | 1. 生活比较拮据。<br>2. 住10余平方米平房。 | 1. 拒绝接触他人。<br>2. 独自待在公园。 | 1. 档案不全，企业倒闭而办不成提前退休。<br>2. 不符合低保条件。<br>3. 妻子强势，在家压抑。 | 1. 采取迂回战略，在公园主动陪其聊天。<br>2. 发放奖品，激发其参加活动。 |
| 妻子 | 已退休 | 退休金很低 | 在家中强势 | 缺乏沟通技巧 | 主动劝解 |
| 孩子 | 工作不稳定 | 睡家中沙发 | —— | —— | —— |

注：表中“——”缺省。

对老王一家三口进行各角度分析后，社区工作人员发现在老王生活环境中存在三个情况：

第一，老王个人因退休问题没有妥善解决，造成个人情绪的不稳定。

第二，老王的妻子在家庭环境中表现出的强势，让老王退休后的生活倍加抑郁。

第三，老王孩子因为工作不稳定，在家中生活条件不理想而产生了不满情绪，这给老王带来了精神压力。

在分析了以上三个情况之后，社区工作人员决定以老王为突破口，化解矛盾。从分析可知，老王现在处于精神孤僻期，为此，社区工作人员采取迂回策略，在公园中采取偶遇的方式与老王攀谈聊天，了解老王内心的想法。

与此同时，社区工作人员还找到老王的妻子，从家庭关系和谐的角度，对老王的妻子进行劝导，劝她给老王营造一个温馨的家庭环境，缓解老王的压力，改善老王的情绪。

社区工作人员与老王推心置腹地交流，通过两个月的努力，老王的情绪得以舒缓，他开始参与社区的活动，并为改善家庭环境而积极努力。同时，社区工作人员在实际生活中寻找各种机会来帮助老王，使老王充分地认识到自己的价值，调动了老王生活的积极性，消除了社区的不稳定因素。这样处理的成效如下：他开始主动热情地接待来访社区工作人员；愿意向他人诉说个人苦闷，情绪得到显著舒缓；在邻居家发生火灾时奋不顾身救灾，积极维持现场秩序。

## 二 社区工作者的心得体会

老王曾经当过兵，复员后到工厂工作，现在因为厂子倒闭而下岗，因工作档案问题，不能办理提前退休，无法享受退休人员待遇，并多次尝试申请有毒有害工种的职业补偿，但是单位不承认其职业是有毒有害，因此内心愤懑不平，不满社会现状，爱发牢骚。碰巧的是，我也是转业军人，因此与其交流起来更加顺畅，能够把话说到他心里去。

针对这个个案，我觉得不能走套路，主要是在于亲和力。亲和力在于我也有当兵的经历，这个人也当过兵，就有些问题，我用当兵的交流方式与他进行沟通，便把问题解决了。其中很重要的一点是我能够从他的诉求出发，对他的遭遇感同身受。同时告诉他要自强，排遣了他心中的怨气。在严格遵照办事程序、依法办事的情况下，我们社区工作人员要竭尽全力为他办事，尽管未必能成功，但是态度一定要到位，为群众服务的心态要端正。

## 三 案例点评

从这个案例中我们能够看出，社区案例纷繁复杂，而解决的办法多种多样，接案人员要充分发挥自己的才能，为服务对象解忧排愁。

本案例中，社区工作人员能够对老王一家做系统的分析，找出老王的生活环境要素，分析各要素对老王的影响，是一种有效的解决问题的方法。

另外，接案人员能够从与服务对象共同的经历出发，与服务对象站在同一个角度看问题、想事情，很好地掌握了沟通的技巧，使个案工作事半功倍。事实证明，有着共同的职业背景或者经历的人，更能找到共同的话题，更能有效地帮对方寻找到情感上的知音。接案人员牢牢把握住当兵的经历，用兵对兵的交流方式与服务对象沟通，使服务对象能够清醒地认识到整个问题的性质，也为其态度的转变打下基础。

本案例也有不足之处，那就是老王与妻子的焦虑可能都是出于对孩子的关爱。社区工作人员如果能够从家中的孩子出发，有效改善孩子的境况，可能也能起到事半功倍的效果。

## 四 理论拓展

影响性技巧是指社区工作者通过影响服务对象，使其从新的角度或层面理解问题或采取方法解决问题的技巧。影响性技巧主要有提供信息、自我披露、建议、忠告和对质。

**1. 提供信息**

社区工作者基于专业特长和经验，向服务对象提供所需要的知识、观念、技术等方面的信息。提供信息包括向服务对象提供其不知晓的新信息和帮助服务对象改正已有的错误信息。社区工作者在提供信息的时候首先要了解服务对象的知识背景，分析其对信息的敏感能力和接纳能力，选择适当的方式提供信息。

**2. 自我披露**

选择性地向服务对象披露自己的亲身经验、处事方法和态度等，从而使服务对象能够将他人的经验作为处理自己问题的参考。自我披露可以引导服务对象从其他的角度去思考问题，或参考别人的方法解决自己的问题。自我披露还可以为服务对象树立坦诚沟通的榜样，社区工作者的坦诚开放、与人分享自身的经历和感受的做法，会感染服务对象使其愿意表露自己的内心世界。自我披露对促进工作关系也十分有利，社区工作者的自我披露可以拉近与服务对象的心理距离，发展融洽的专业关系。

**3. 建议**

对服务对象的情况、问题有所了解和评估后，提出客观、中肯和有助于解决问题的意见。作为专业的助人活动，在个案会谈中，社区工作者通过对服务对象问题及相关信息的了解，能发展出解决服务对象问题的具体思路并形成意见，社区工作者应该向服务对象提出这些意见。但是，社区工作者首先需要考虑清楚意见或方法的可行性、背后的理念及理论的正确性。而且有时如何向服务对象提出这些建议比方法本身的意义还要重大。如果社区工作者生硬地强行要求服务对象按照自己的意见做，违背服务对象的个人意愿，那么反倒会造成不进反退的后果。因此，如何向服务对象提建议非常重要。

**4. 忠告**

忠告是指社区工作者向服务对象指出服务对象行为的危害性或服务对象必须采取的行动。例如："如果你还是每天翻查你丈夫的包，他会觉得自己不被尊重，会严重影响你们夫妻之间的感情。"忠告通常是针对一些比较严重的事件或行为，但是，是否严重是一种价值的、道德的判断，是很主观化的。因此，社区工作者一定要反复斟酌自己的判断，而忠告之后，社区工作者应该耐心地讲清道理，提供服务对象不知晓的知识和视角，使服务对象有所领悟。

**5. 对质**

对质是指社区工作者发觉服务对象的行为、经验、情感等有不一致的情况时，直接发问或提出疑义的技术。通过对质，社区工作者可以协助服务对象觉察到自己的感受、态度、信念和行为不一致或欠和谐的地方。

## 五 资源链接

（1）个案会谈的影响性技巧 .http：//www.zhongguogongyi.com/

index. php? aid=642&file=read&id=1&op=col.

（2）［美］Barry Cournoyer. 社会工作技巧手册．上海：华东理工大学出版社，2008.

## 六 案例涉及的行政资源

街道社保所、信访办等。

# 案例三　社区志愿者队伍建设

## 一　案例简介

**（一）事件描述**

社区志愿者是社区活动的主干力量，扮演着丰富社区生活、服务社区居民的重要角色。某社区地处火车站周边，社区志愿者组织有着广阔的活动空间。复杂的群体在这里交汇，产生了大量的志愿者岗位，以从事秩序维护、便民服务等工作。这些岗位需求对该社区来说是很大的考验，它考验着社区短时间动员力量参与志愿活动的能力，考验着特定时期志愿者组织的协调能力等。在北京，社区还担负着重要节日和重大活动的社区安全维护等重任，该社区现有的80多名治安巡逻志愿者每天连续值班，非常辛苦。如何增强社区安保力量、有序组织志愿活动成为一个重要的任务。

**（二）社会工作介入**

为有效组织社区志愿者队伍，社会工作者采取了分四步走的方法。具体的工作方法如图3—1所示：

**图3—1　建立社区志愿者队伍的步骤**

**1. 评估志愿者需求**

在对现有的社区志愿者队伍进行全面统计后，社区决定在重点时段吸纳200余名志愿者参与社区的安保志愿活动。

**2. 志愿者群体的摸排**

社区工作者以就近服务为原则，对社区周边的志愿者群体进行了摸排。经过考察，大学生志愿者的热情态度、精神面貌和专业能力赢得了社区工作者的青睐，并最终决定与附近的大学合作，以大学生志愿者作为社区志愿服务力量的补充。

**3. 组织联系**

社区工作者向某大学志愿者协会及某学院党委发出邀请，希望在党委的统一协调下，发挥组织的作用，为志愿活动招募人才。

**4. 组织志愿活动**

最终，共有200余名大学生志愿者参与社区的安保志愿活动。大学生志愿者们在活动中认真、热情，积极投入工作，体现了当代大学生的良好精神风貌。他们为社区的平安和谐做出了显著贡献。

## 二 社区工作者的心得体会

社区与学校共同建立志愿活动基地，为学生平时参与社会实践提供了平台。平时我们会联系合作的学院党委开展志愿活动。做志愿活动，关键是要提供丰富的志愿活动平台，增加活动的吸引力和挑战性，比如说社区流动儿童志愿活动、辅导社区儿童学习活动等。对于大学生而言，这不仅可以有效运用他们的知识积累，而且也奉献了爱心。

在志愿者群体当中，我们积极引入高中、职业学校、大学等的志愿者群体，针对不同志愿者群体的特点，安排不同的志愿活动内容。活动后及时加强信息反馈，向优秀的志愿者队伍赠送锦旗，并邮寄感谢信，以此加强双方的志愿服务合作关系。

在我们社区中还有160多位居民志愿者，他们各自隶属于八九支志愿者队伍，涉及文娱活动、体育活动、养生活动、老年互助活动等，他们的带动吸引了大量社区居民参与其中。

## 三 案例点评

随着社区社会服务需求的日益增长和多元化，社区志愿者组织显得日益重要起来，志愿者组织将给社区带来生机和活力，丰富、充实社区生活，构建健康的社区生活秩序。良好的社区环境离不开志愿者的帮助。

首先，通过解读本案例，我们认识到，社区工作者在平时要建立自己的资源网络，这些资源网络不仅来自自己服务的社区，还来自社区外。社区工作者要有意识地将资源进行分类和细化，这样在以后的社区服务中才能够有效地调用自己整合的资源为社区服务。

其次，社区工作者能够积极引入志愿者组织参与社区建设，打破了只在社区内部搞志愿活动的传统范围，具有很好的导向作用。同一个社区内的志愿者往往同质化，不能带来大量新的社会信息，社区活动组织者要广泛吸纳社区外志愿者组织参与社区的建设志愿活动，为社区带来新的活力。

最后，社区工作者为志愿者提供各种丰富的实践平台，充分调动志愿者队伍的积极性，充分发挥志愿者队伍的才能，使其为社区贡献才智和活力。然而现实情况是，志愿者组织者只重视组织人员参与，而轻视有效发掘志愿者的个人才能为社区造福。因此，如何建设更多的平台使志愿者的才能得到最大限度的发挥来为社区带来更大的价值是每一个社区组织人员的重要任务。

## 四　理论拓展

社区积极引入大学生志愿者组织参与社区建设，这种工作方法不仅满足了社区建设的需要，同时为大学生提供了难得的实践机会。社区积极激发大学生志愿者的工作热情，使得同学们得到了充分的实践锻炼以及对个人价值的认可，真正实现了双赢。因此，我们有必要对志愿服务管理的主要内容进行认真梳理，以此保证后续志愿活动的顺利进行。志愿服务的管理要从以下几点着手：

### 1. 志愿者的工作设计

志愿者参与社区服务，是贡献出了自己的空闲时间，他们如果感觉到志愿服务无聊、不愉快、有损尊严，或有其他不满，就宁愿利用空闲时间做其他的事情。因此，志愿服务管理的重要环节是设计出令人满意而容易有成就感的工作，吸引并留住志愿者。

**2. 志愿者的招募**

这个过程包括寻找合适的志愿者和鼓励他们积极参与社区服务工作。志愿者不求金钱回报，所以他们往往有较高的自主性和自发性，希望在参与服务过程中得到尊重、支持和对个人价值的肯定。因此，我们所设计的服务工作应充分考虑他们的需求，并运用海报、传单、大众传媒，进行多种多样的宣传，吸引潜在的志愿者，达到双方互惠的效果。

**3. 志愿者的训练**

志愿者与服务工作均涉及质量的问题，因此，教育和训练是必要的。训练的内容大致以知识、服务理念和技能为主。而形式上有服务前的训练和服务中的训练。前者主要介绍志愿者参与的服务方案、服务对象、服务程序、志愿者的工作职责及初级的服务技巧等，后者则是在服务中使志愿者通过观察和模仿学习服务知识和技巧。

**4. 志愿者的督导**

志愿者在服务过程中会面临许多困难，如服务技术和能力不足导致服务效果不明显，服务内容单调而产生倦怠，受服务对象生活困境的影响而产生情绪困扰等，因此需要主持服务工作的正式工作人员定期和持续地与志愿者沟通和互动，传授相关知识和技术，促进其能力的提高和自我的成长。

**5. 志愿者的维系**

这个管理环节的核心问题是“留住志愿者”，而直接相关的是志愿者的“动机”因素。因此“维系”就是尽可能赋予志愿者动机，使他们在从事公益服务的同时，也得到心理的满足。例如：对于希望获得工作经验的志愿者，要为其设计或安排使之能学习到其想学技能的工作；对于喜欢结交新朋友的志愿者，要为其寻找需要合作的服务工作；对于满腔热忱希望为社会做贡献的志愿者，要为其安排能体现其社会价值的服务工作。总之，志愿者如果在服务过程中感到愉快，能够实现自身价值，就会希望继续从事志愿服务工作。

**6. 志愿者的奖励**

志愿者为社会所做的贡献应该受到肯定和赞扬，而这也是激励志愿者士气的有效方法，因此，奖励是志愿服务管理中必不可少的环节，并且要求奖励应是及时的，奖励的形式要多样化，奖励的技巧应得当等。

## 五 资源链接

（1）中国社区志愿者网．http：//www. cnvolunteer. org/.

（2）社区志愿者服务站管理制度．http：//wenku. baidu. com/view/b886ac4c767f5acfa1c7cd96. html.

（3）青年志愿服务参与程度和管理模式研究．http：//www. 5ykj. com/Article/xslwxzgl/68529. htm.

## 六 案例涉及的行政资源

街道文明办、团委、社区服务中心等。

# 案例四　家庭代际纠纷

## 一　案例简介

**（一）事件描述**

62 岁的老王是某机关单位退休科长，现与老伴共同生活，育有一子一女。老王身体健康，性格好强，平时在家中拥有绝对权威，观念保守，但是他的儿子与儿媳学识高、思想相对开放，因此，在日常生活中老王与儿子、儿媳之间经常产生冲突，比如儿子儿媳未等他到席就开饭、儿媳不喊其爸爸等都会惹怒他。

就这样，老王对儿子及儿媳的抵触情绪长期积压，最终导致他与儿子的关系恶化，家庭纠纷升级：2008 年除夕，因一时气愤，老王暴跳如雷地去砸儿媳父母家门，惊动警方而被带走训诫；2009 年 10 月，老王因与儿子闹矛盾，扬言要将儿子一家杀死后自杀。

**（二）社会工作介入**

社区对老王的家庭纠纷非常重视，组成了工作小组，针对老王的情况做了情况分析后，社区工作者认为这个个案有两个紧迫问题：

第一，除威胁儿子一家的生命安全外，老王是否还对其他成员存在生命威胁？

第二，王家的矛盾应该怎样调解？

面对以上情况，社区工作者认为应该尽快摸清老王的精神状态，探究其是否对其他家人存在危险性。于是，社区工作人员迅速对此介入干预：

首先，社区工作人员邀请老王进行了座谈，对他的生活状况和心理状况进行了解和分析，并与他建立良好的关系，获取了他的信任。社区工作人员还走访了老王儿子小王、小王的妹妹以及小王的岳父岳母，与他们共同分析问题产生的原因，了解他们对问题的看法和解决意见。

其次，社区工作人员对老王持续关注，加强与老王的交流，教授他一些应急处理方法；鼓励和引导老王积极参加社区活动，融入老年生活。在此过程中，社区工作人员与老王共同商量用放松疗法、远离应激源等方法寻求问题的解决，老王同意试着改变自己。社区工作人员还与老王的亲家谈话，得到其亲家的支持，并劝小王主动和老王沟通。

最后，社区工作人员与社区民警将老王及其儿子儿媳约到社区居委会，进行面对面的沟通，从而使双方都能心平气和地接纳和尊重对方，懂得彼此珍惜。老王开始认识到自己过去态度不当，双方开始尝试理解对方的感受。最后在居委会会议室，一家人言归于好。

## 二 社区工作者的心得体会

这个案例让我感觉到，当我们学习社会工作理论的时候，就像学开车似的，学完之后要上路开。刚把这套理论学完，就遇到这么一个案例。马上按照学习的去做，比如说看他的社会支持系统，看他家里的情况等各个方面再开始和他面谈。收集资料要按照工作流程走，如街坊四邻要探访，不要只听他说，要听街坊邻居怎么说，信息员怎么说。在这基础上约见他，与其面谈。从以上信息可以得知他现在进入向老期，儿子结婚，女儿出嫁，他处于心理脆弱期。书中说的社会工作理论在现实运用中很有用，据此我们把走访对象确定为家人、朋友、邻居。

同时，重要的是要掌握倾听的技巧，在倾听中要掌握他的肢体语言，例如言谈中他眼睛发红，就说明他情绪高涨，即将发火。此外，倾听有助于服务对象的减压。

比较困难的是他是个东北人，脾气比较暴躁。从面相上看，他络腮胡、环眼，像张飞，军人出身，属暴躁型，这时要做预案。与他面谈的时候，我都不是一个人，一般民警和我坐在他的两边，前面是桌子。学了社会工作理论后，做事情心里就有底，通过他的面相和肢体语言，就知道他要干什么。我跟他聊天的时候，从他从小到大的生活经历这条线就能判断他是什么样的人。他是一个黑龙江农家孩子，小时候能吃苦，自己拼搏入了伍，当上军官后又去军校深造，后来复转去某机关单位工作，从这个经历可以看出他是一个要求上进，要求完美，但是十分自我的人，要求别人服从。由此可以断定他在家庭中也是这样，他好命令自己的儿女、妻子，但儿子长大成家后就不听他的了。我告诉他，他已经进入离散期，处于弱势，要做出改变，他到这个人生阶段要形成美德，给儿女爱。于是他明白了，过来感谢我，说自己要做出改变。我后来回访了一下，情况很好。

## 三 案例点评

首先，在该案例中社区工作者紧密依靠社会工作专业知识展开接案工作，全面分析了服务对象的四个基本系统：个人、家庭、团体、社区。做到了信息来源全面，信息收集客观，保证了案例信息的有效性，为准确把握服务对象情况积累了大量有效信息。

其次，社区工作者能够清楚地掌握如何识别服务对象的情绪波动，特别是他针对当前情况有效剥离了社会工作理论中不适用于当前工作的理论，而是应用了中国传统的面相知识来辅助自己的判断，有效掌握了服务对象的情绪变化，很好地控制了场面和过程。

另外，社区工作者能够抓住服务对象的人生历程主线，比如判断服务对象“是一个要求上进，要求完美，但是十分自我的人，要求别人服从”，准确地把握了服务对象的真实情况，值得社区工作者学习，也就是要了解服务对象，就要掌握服务对象的整个生命脉络，搞清服务对象的社会生态系统，这样才能更好地把握服务对象思考问题的参考框架以及应对问题的行为模式，做到有的放矢。

## 四 理论拓展

此案例比较典型，可以用家庭生命周期理论及家庭沟通理论进行分析。老王正处于向老期，子女相继离家成立新的家庭，自己面临退休后新的老年生活，而老王还没有适应这一人生角色的转变，无法完成心理上及思想的过渡，加之老王和子女没有进行有效的沟通，从而导致家庭矛盾激化。

**(一) 家庭生命周期理论**

与世界上的事物往往都遵循一定的周期开始、发展、终结一样，家庭也按照一定的轨道形成、发展直至消亡，即家庭也有它的生命周期。家庭生命周期是家庭依照一定的轨道形成、发展、分裂出新的家庭，直至母家庭消亡的全过程。在家庭生命周期过程中，母家庭孕育子家庭并消亡，家庭继续得以延续。家庭生命周期是乡村社会学者在 20 世纪 30 年代初期发展出来的概念，用来描述家庭的结构、组成以及行为的改变。

家庭生命周期根据不同的划分依据可以区分为不同的阶段。王思斌把我国的家庭生命周期大致划分为五个阶段（见图 4—1）：

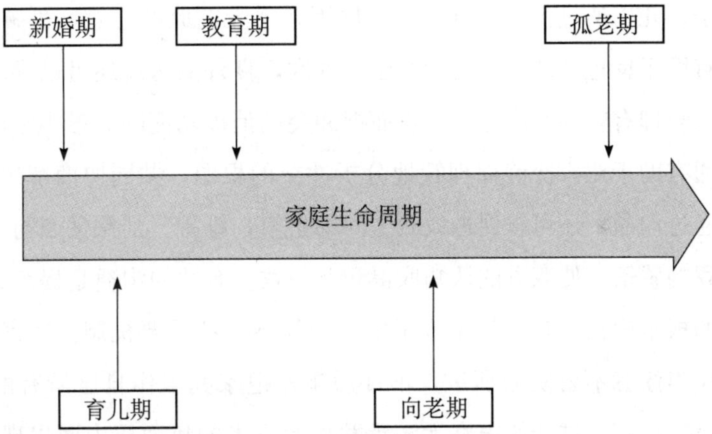


**图 4—1 家庭生命周期**

新婚期（两年左右），从结婚到生育第一个孩子；育儿期（5 到 6 年），从生第一个孩子到最后一个孩子上小学；教育期（15 年左右），从孩子上小学到孩子独立；向老期（20 年左右），子女相继离家；孤老期（10 到 15 年），夫妻中只剩一人直至该家庭生命终结。

家庭生命周期的概念提供了一个了解家庭发展脉络的线索，对实务工作者具有重要的现实意义。生命周期阶段之间的转折与过渡是最容易产生家庭关系变化、紧张和家庭成员焦虑的时期，它也是决定家庭成员成长与发展的主要因素。从一个家庭发展阶段的脉络，社区工作者可以更加了解一个家庭一般的行为形态，以及这个家庭面对危机时可能出现的反应，这种转折点正为家庭社区工作者提供了关注和介入家庭的时机。

**（二）家庭沟通理论**

沟通是彼此传递信息与分享信息的过程。沟通有利于家庭成员化解家庭冲突和紧张，促进家庭成员角色的扮演和家庭功能的正常发挥。社会生活的紧张和角色承担者对角色把握的能力，影响着家庭成员的角色认同、角色扮演和角色实现，而沟通有助于家庭成员的角色认同、角色扮演和角色实现。

在此案例中，父亲和子女之间的沟通对解决家庭矛盾具有十分重要的作用。首先，通过沟通可以从根源上减少和消除冲突或紧张。父亲与儿子、儿媳通过沟通，可以解释原因，感受彼此的心意，了解对方的看法，有助于反思和调整自己的看法。其次，良好的沟通还可以寻求冲突或紧张的合理有效的解决办法，从而把冲突的消极功能降到最小限度。这样的沟通有助于双方冷静而理智地分析冲突的根源，共同协商解决方案。最后，通过沟通，还可以促进彼此之间的了解，维护、加深父亲与儿子、儿媳之间的感情，使双方的认知取得和谐一致。有效的沟通是提高家庭生活质量的根本途径，是加深家人了解、增强感情的重要机制。在家庭的沟通中，应当注意不要随心所欲，不计后果，把家庭当作自己所有的不良情绪的"垃圾站"，这会使家庭无法承载如此巨大的负面压力而出现冲突和危机。因此，良好有效的沟通有利于家庭成员间良好关系的建立和促进家庭的稳定和谐。

**（三）倾听技巧**

在处理老王家的案例中，社区工作者很好地应用了接案中的倾听技巧。倾听是有技巧的，让对方知道你在注意听是很重要的。以下有几种增进倾听技巧的方法：

（1）消除外在与内在的干扰。

（2）鼓励对方先开口。

（3）使用肢体语言并观察对方的肢体语言。

（4）非必要时，避免打断对方的谈话。

（5）听取关键词。

（6）反应式倾听。

（7）弄清楚各种暗示。

（8）暗中回顾，整理重点，并提出自己的结论。

（9）接受对方的观点。

## 五　资源链接

（1）朱东武，朱眉华．家庭社会工作．北京：高等教育出版社，2011.

（2）倾听的技巧．http：//www. xinli110. com/liaofa/rdgz/201012/192706. html.

## 六　案例涉及的行政资源

街道文明办、妇联、民政科等。

# 案例五　违章建筑拆除

## 一　案例简介

### （一）事件描述

某社区紧邻二环路和长安街，由于地理位置好，近两年这里房屋的出租价格上涨较快。部分居民受利益驱使，在胡同里私搭乱建违章建筑，使胡同变窄，以至于横向不足4米，严重影响了当地居民的出行，安全隐患骤增，居住在此地的居民怨声载道。2009年2月，胡同失火，因消防车开不进来，延迟了救火时间，大火烧毁了7户居民房屋，造成了严重的经济损失。

### （二）社会工作介入

为扭转社区管理混乱的现状，社区工作者决定进行逐项整顿：第一，整顿社区房屋出租秩序。第二，清理街道胡同乱堆乱放，改善社区环境。第三，组织社区志愿者，维持社区秩序，改善社区安全环境。针对以上问题，社区工作者认为，治理社区的乱象要从拆除胡同违章建筑开始，逐步改善社区环境。

2009年4月，社区党委通过调研走访、认真听取和收集居民的意见和建议，对居民反应强烈的急难问题进行梳理、分类。经过认真的讨论，社区制订了“胡同治理项目计划书”，计划分民意调查、宣传发动、拆除违章、规划建设四个阶段开展工作。

#### 1. 民意调查

2009年8月开始民意调查，该地区户籍居民82户，常住居民46户，发放调查问卷42份，收回33份，占78.57%。统计结果为同意拆除违建的居民占到81.82%。

**2. 宣传发动**

国庆六十周年庆祝活动后，社区公示“居民问卷调查”结果。10月16日召开居民大会，进行投票表决。10月16日晚上6点30分，社区居委会召开了“胡同居民大会”。会上，社区书记对治理项目的由来、居民的反映及胡同的现状进行了认真的分析，指出存在的安全隐患及其给居民生活带来的问题，以幻灯片的形式向居民宣传。为了真正体现大多数居民的意愿，会上针对违章建筑拆除与否进行了不记名投票（以户为单位投票）表决，监票和计票的工作由现场推荐的三名居民负责，表决结果是到会的人员69.56%同意拆除。胡同违章建筑治理项目正式进入实施阶段。

**3. 拆除违建**

在此阶段，街道办事处协助社区请来高校社会工作专业的老师，针对拆除违建中的法律法规等相关问题，与社区进行了认真的研究和讨论，使社区干部心里更加有底，知道应该怎么去做。这个阶段唱主角的是城管部门，为了避免出现冲突，城管并未急于行动，而是在前期大范围宣传、发动的基础上，开展了大量耐心细致的思想工作，社区对涉及的13户居民，逐户地进行分析，对涉及的十几户违建房主，分别到他们家中走访、逐一做工作，对有特殊困难的家庭本着“区别对待、有情操作”的原则与城管部门协商解决办法。在各部门的积极努力下，拆除违建得到了大多数房主的理解、配合和支持，绝大多数房主在规定的时间内腾空了房屋，清退了承租人，为顺利拆除违建奠定了基础。

2010年1月14日下午两点，社区召开了“胡同治理大会”，会上街道城管分队领导宣布拆除违建工作正式启动，并当场发放了《拆除违章建筑通知书》。2月1日上午，拆除违建工作正式开始，到现场的有城管执法人员、居委会干部、社区民警、社区民主监督委员会成员等。这项工作用时两天半完成，共拆除19个违章建筑。

**4. 规划建设**

违章建筑拆除后，社区及时召开居民会议，根据居民会议上大家的建议和设想，社区制定了规划方案并上报街道办事处，在街道办事处的协助下，社区对此胡同进行了规划设计，建设了方便居民的休闲角。休闲角里有石桌石凳和花草，既美观，又给居民增添了交流、休息的场所。如今这条胡同成为社区最好的一条路。居民都认为此举打通了生命通道，消除了安全隐患而对社区赞扬不已。社区环境也有了很大改观。

## 二　社区工作者的心得体会

拆除违章建筑向来都是容易引发矛盾的，但是这次的拆除工作之所以受到居民的普遍认同，主要是因为社区从居民的整体利益出发，发动居民广泛参与，自己做主，主动拆除。刚开始做民意调查的时候，80 多户居民中有一部分人抱着不想得罪邻里的态度不参与这个活动，发放了 42 份调查问卷，收回 32 份。结果统计，近 80%的人愿意拆除违章建筑。之后，我们开始宣传，召开拆除违章建筑大会。因为大家白天要上班，我们就在晚上开大会，在会上做不记名投票，调查大家的意见。投票结果是，绝大多数人愿意拆，这就表明我们的决议是充分尊重居民意见的。

真正到了拆除阶段，我们社区居委会要把握自己的角色，不要越位造成混乱，这时候我们找来专家为我们做了法律专题讲座，为我们指明行动界限。我们在实施的时候要做到公平、公正，不能只拆一家的而不拆其他家的。

在操作中，这十几家房主情况各异，其中确实有家庭困难的，比如有退养人员，家庭收入极低，只能靠自建房出租来赚取收入，也有部分人家里收入较好，还有一部分人就是钉子户，硬是不拆。对于这十几家房主，每家我们都去做工作，而且不止一次，最后，我们的诚心诚意感动了他们，让他们自己都不好意思了，他们就说你先拆我的吧。

当然，还有人甚至动刀子，写上诉信，但是事情进展到了这一步，不能往后退，只能往前冲啊。我们要做好居民工作，不能与居民硬着来，要说服他们，要平心静气地与他们商量，要了解他们生活上的困难和想法，和他们交流沟通。直到他们自己把屋子里的东西收拾完毕，我们再组织力量进行拆除。

## 三　案例点评

拆除居民的违章建筑一直以来都是一项严峻的工作。而此胡同将该工作做得有条不紊，值得社区工作人员认真揣摩学习：

第一，社区工作人员非常重视程序的透明公正，在前期调研、中期制定方案和后期实施中，将流程做到实处，在充分吸取各方意见的基础上制定目标，并对目标进行分解。之后对方案进行评估，保证了项目的有序进行。

第二，社区工作人员充分重视居民意见，深入调查居民意见。他们考虑到白天社区居民都在上班，因此居委会特地将大会安排在晚饭后举行，这就保证了居民都能够参加会议发表自己的看法。

第三，社区工作人员对每家每户进行翔实的信息摸底，了解每户的家庭情况，了解每户的诉求和心理活动状况。这说明社区工作人员充分尊重居民，善于聆听个人的想法，使居民的情绪得以有效疏导。

第四，做社区工作，方法技巧不可少，但是要有充分的心理准备，应认识到改变需要过程，需要持续不断的努力。就该案例而言，有些居民可能一时难以接受集体议定的处理办法，社区工作人员要深入其家中做工作，要不厌其烦地讲事实、说缘由，反复做工作，应吃得苦耐得烦。只有这样才能做好社区工作。

## 四　理论拓展

社区之所以能够顺利完成胡同违章建筑的拆除工作，其核心在于充分尊重各类群体的合理诉求，从社会生态系统的角度积极倾听各方观点，真正做到从维护百姓利益的角度出发，最终完成拆除违章建筑工作，保证了社区安全。此成功案例可以从社会生态系统理论出发进行分析。

社会生态系统理论在社会工作学界内往往被简称为生态系统理论，它是用以考察人类行为与社会环境交互关系的理论。该理论把人类生存成长于其中的社会环境（如家庭、机构、团体、社区等）看作一种社会性的生态系统，强调生态环境（人的生存系统）对分析和理解人类行为的重要性，注重把人放在环境系统中加以考察，注意描述人的生态系统如何同人相互作用并影响人的行为，揭示了家庭、社会系统对个人成长的重要影响，是社会工作的重要基础理论之一。

根据生态系统理论的观点，个人的生存环境是一个完整的生态系统，即由一系列相互联系的因素构成的一种功能性整体，包括家庭系统、朋友系统、工作职业系统、社会服务系统、政府系统、宗教系统等。人是在环境中与各种生态系统持续互动的主体。人在生存环境中，既受到各种不同社会系统的影响，也持续和具有活力地与其他系统相互作用。

查尔斯·扎斯特罗把人的社会生态系统区分为三种基本类型：微观系统、中观系统、宏观系统。微观系统是指处在社会生态环境中的看似单个的个人。个人既是一种生物的社会系统类型，也是一种社会的、心理的社会系统类型。中观系统是指小规模的群体，包括家庭、职业群体或其他社会群体。宏观系统则是指比小规模群体更大一些的社会系统，包括文化、社区、机构和组织。

由此，我们可以总结出生态系统理论的主要观点有：

（1）人生来就有与环境和其他人互动的能力，人与环境的关系是互惠的，并且个人能够与环境形成良好的相互调和度。

（2）个人的行动是有目的的，人类遵循着适者生存的法则，个人意义是环境赋予的，因此要理解个人，就必须将其置于环境之中。

（3）个人的问题是生活过程中的问题，对个人问题的理解和判定也必须在其生存的环境中来进行。

（4）我们在运用生态系统理论开展个案服务时，面对服务对象及其问题，不应只孤立地看到服务对象本身，还应关注服务对象身处的生态系统。要明白个人的问题并不是完全由自身原因造成的，而是会受到个人成长环境、生活环境的影响，因此，社会环境也是导致问题产生的重要因素。向服务对象提供服务时，应当从整个生态系统出发，根据生态系统的三个层次来设计介入模式和介入方法，从而更为全面地帮助服务对象走出困境，陪伴其更好地成长，更快乐地生活。

## 五 资源链接

（1）［英］马尔科姆·派恩．现代社会工作理论．北京：中国人民大学出版社，2008.

（2）师海铃，范燕宁．社会生态系统理论阐释下的人类行为与社会环境——2004年查尔斯·扎斯特罗关于人类行为与社会环境的新探讨．首都师范大学学学报，2005（4）．

## 六 案例涉及的行政资源

街道城管分队，公共安全办，司法所，社区办，高校社会工作专家、学者等。

# 案例六 残疾居民养老

## 一 案例简介

### （一）事件描述

家住某胡同的王大爷，今年73岁了，是有精神残疾的社区低保户，育有一女，早年夫妻离异，女儿随母亲居住，王大爷一人独居。王大爷因患精神疾病和糖尿病造成生活不能自理，曾经被送入养老院。因为王大爷无法适应养老院的生活，不久他就搬出了养老院，住到了兄弟姐妹家。

近年来，随着亲人们年事渐高，再照顾这样一个有精神疾病的老人确实成了他们生活中的沉重负担。为解决这个难题，王大爷的弟弟和妹妹多次来到社区居委会，希望社区能帮助解决王大爷的养老问题。

### （二）社会工作介入

经与亲属核实，社区工作人员得知，王大爷的女儿小花现独自生活在其他社区。社区工作人员在与王大爷亲属沟通并听取王大爷的个人意见后，约见了其女儿小花，商谈王大爷的生活和养老问题。社区工作人员发现，小花感情经历波折，家中负担较重。在向小花讲明王大爷的情况后，小花感到很沮丧，她对是否能够负担父亲的养老心里没底。在了解到以上情况后，社区工作人员认为主要存在以下问题：

第一，王大爷需要家人的照顾。

第二，王大爷的弟弟和妹妹已经无能力再照顾他。

第三，王大爷有一个女儿，但是这个女儿的家境不是很宽裕。

面对这些问题，社区工作人员决定对王大爷的人际关系网做一个梳理：

首先，王大爷先后在弟弟、妹妹家里居住，虽然出现了一些矛盾，但是亲属们都还是能够体谅他的。可见，王大爷的弟弟、妹妹并不是对其放任不管。

其次，在与其女儿的交流中，社区工作人员了解到小花是一个很孝顺的孩子。虽从小随母亲居住，但是对父亲还是有赡养意愿的，只是个人境遇有些困难，阻碍了她赡养父亲。

最后，王大爷的前妻即小花的母亲未再婚，对王大爷还是有一定感情的，所以存在一个破碎的家庭破镜重圆的可能。

为此，社区工作人员决定有效调动王大爷的人际关系网，为王大爷的养老贡献力量。于是社区做中间人，召集王大爷的家人、民警、服务站医生、居委会等相关人员，共同商量解决办法。

会上，大家都把老人的妥善安置定为第一目标。在这个目标的指引下，参会各方把各自的实际情况摆到了桌面上，经过党委书记和管片民警的协调，决定由王小花将王大爷接到家中赡养。王大爷的兄弟姐妹对于王大爷今后的看病就医以及居住等相关问题会一直关注并提供适当的帮助。会上，监护人当场签订了精神病人法定监护人变更协议，一直由其兄妹代为保管的低保存折、优惠券、银行存折等转交王大爷本人，并由其在收条上签字，社区现场留了录像、照片资料。

对这一结果，到场的人都非常满意，家属对社区关心残疾老人、帮助解决实际问题给予了很高的评价。困扰老人及家属多日的难题终于解决了，老人有了一个稳定的居住环境，可以安稳地享受平静的晚年生活。现在，王大爷与前妻办理了复婚手续，生活幸福。

## 二 社区工作者的心得体会

通过这个案例，我觉得做社区工作要讲求细致周到，想得要全面、长远。这个王大爷，他平时写很多东西，上下五千年，天文地理样样有，有时候你都不知道他在写什么，俗话叫作文疯子。他以前结过婚，后离婚。他因有严重疾病，后来被其弟弟接到家中照顾。但是没多久，他精神病发作，状告其弟弟侵占其钱财，为此，他的弟弟被他折腾得够呛。之后在其妹妹家中居住，但其妹妹因年事已高，自顾不暇，于是向居委会申请解决他养老问题。

对于这种问题，如果居委会不管就没有人管了。我们不能对这些居民不闻不问，我们的工作就是要解决居民疾苦。我们把他的低保、补贴的证件整理好，做好存档工作，把他的弟弟妹妹以及多年未联系的女儿找来，一起开会，商讨这位老人的养老办法。为了防止以后出现纠纷，我们对现场进行了拍照、存档，保存证据。这就是对工作细致的基本要求。为了防止日后出纠纷，要系统地思考长远的问题，做好周密安排。

后来，我们对他进行了后续的跟踪，对其日常出现的小问题进行及时解决，比如处理拆迁补偿款的分配问题，为他解决家庭矛盾等，家属对我们的工作非常满意。

## 三 案例点评

第一，在这一案例中，社区工作人员有着一颗善良的心。毕竟这种事情，一般的社区都不怎么管，但是社区工作人员还是接下了这个担子。这表现出社区工作人员具有专业的社会工作理念以及较高的工作素养即尊重个人。

第二，社区工作人员能够将最紧迫的王大爷养老问题与其长远利益结合起来，考虑在这件事情的基础上为王大爷提供长久稳定的利益维护环境，值得我们学习。对于社区的事情要想得长远，做得细致周到。

第三，在这一案例中，安排人员对整个事件处理过程进行录像，同时对相关材料进行摄像存档，保证了日后有据可查，排除了日后出现纠纷的潜在危险，化解了社区事务风险。同时这也是防范职业风险的一个好办法，值得借鉴。

## 四 理论拓展

此案例属于典型的残疾老人养老问题，对于残疾老人这一特殊群体，社区工作者要本着尊重、关爱的原则来帮助老人顺利安度晚年，下面介绍一些专业的社会工作方法以资参考。

残疾人社会工作可以在医疗模式和个人模式指导下运用具体的方法如心理辅导、个案工作、寻找资源、转介等开展服务，还可以在社会模式指导下选择合适的行动为残疾人提供服务。这些行动包括四个层面，它们之间构成一系列从微观到宏观的介入方法。具体而言，这些行动和方法是：

(1) 让残疾人充分运用其可以运用的资源和能力。社会工作者尽量从残疾人及其周围环境中去了解服务对象自己已有的能力和可资利用的资源，帮助残疾人改变态度或学习某些技术和方法去解决问题。

(2) 减轻残疾人运用资源的环境阻力和矛盾。残疾人在求助过程中会因为周围的人事、环境的阻碍和误解而得不到足够支援，如残疾人的家庭成员对其应接受怎样的服务有不同意见，机构人员对残疾人情况并不了解等。社会工作者的介入就是要调解矛盾、澄清误会，使残疾人获得应有的支援和帮助。

(3) 发掘并有效运用社区资源。社会工作者要为残疾人发掘及调动尽量多的服务资源，以满足残疾人的需要。

(4) 维护残疾人的权益。很多时候由于社会资源的匮乏和社会人士的忽视，残疾人的困难和需要未必都能引起社会的关注从而得到充分的解决。

残疾人有自己的尊严和权利，他们的人格和权利应当得到尊重和保护。目前社会上还不同程度地存在着对残疾人的歧视和偏见，侮辱残疾人、侵害其权益的现象仍时有发生，残疾人在实现基本权利方面，仍面临许多亟待解决的问题。

造成残疾人问题的主要原因不是残疾本身，而是外界障碍。外界障碍的存在，使残疾人在社会生活中处于某种不利地位，权利的实现和能力的发挥受到限制。全社会应当发扬人道主义精神，理解、尊重、关心、帮助残疾人，支持残疾人事业。从事残疾人工作的人员，应当认真履行职责，竭诚为残疾人服务。应该特别指出的是，对残疾人的特别扶助措施，并不妨碍和影响其他社会成员实现自己的权利，因而不应被视为对其他人的歧视或不公正，恰恰相反，它体现了社会公正，促进了社会和谐，是社会文明进步的表现。

## 五 资源链接

（1）卓彩琴．残疾人社会工作．广州：华南理工大学出版社，2008.

（2）王新宪．树立现代文明社会的残疾人观．http：//wenku. baidu. com/view/5843c9c30c22590102029d41. html.

## 六 案例涉及的行政资源

街道残联、民政科、司法所等。

# 案例七　精神病人试婚被骗

## 一　案例简介

### （一）事件描述

家住某社区的阿娜女士，今年42岁，因感情问题导致精神分裂，属于限制行为能力人。虽然监护人为其父母，但其父母和其他亲属长期在国外，根本无法照顾她。

某单位有个维修工人王某，今年31岁，他因去阿娜家做维修工作时见阿娜独自居住，便产生了占阿娜便宜的心理。之后，王某在阿娜监护人不知情的情况下，主动接触阿娜，赢得阿娜的好感。两人开始了交往，没多久，阿娜发现自己怀孕了。于是阿娜找到王某，要求王某与她结婚，但王某根本没有娶阿娜的想法，他断然拒绝了阿娜的要求。阿娜无奈之下，找到社区，请求社区居委会替其维权。

### （二）社会工作介入

社区工作人员在接到阿娜请求后，立即对阿娜的境况做了全面的分析，了解到阿娜因几年前婚变，受到精神打击，造成精神分裂多年，情感受到极大的伤害。处于不惑之年的她情绪不稳定、思维混乱，受严重精神疾病困扰。经过系统分析，社区工作人员认为阿娜的问题主要体现在四个方面：

（1）身体的伤害与精神疾病的双重困扰。

（2）心理的伤害带来的困扰。

（3）面临生存压力困境。

（4）面临周边的舆论压力困境。

在分析了阿娜的情况后，社区工作人员针对以上问题，给出了针对性的解决办法。

首先，安抚阿娜情绪，避免其疾病再次恶化。其次，消除环境中阻碍精神残疾女性成长的不利因素。比如，切实强化监护人责任，有效保护精神残疾人的生活。继而，寻找法律依据，依法保障精神残疾女性的权益。在此案例中，王某无视阿娜的人身权利，采取欺骗的手段侵害阿娜的权益，应受到法律的追究。

有了上述思路后，社区书记迅速展开工作。她召集社区调解委员会成员商议解决办法，而后联系上王某，王某一听是社区居委会，拒绝出面解决问题。管片民警认为王某的行为并没有触犯法律，不好采取强制措施。考虑到阿娜的精神状况，书记一方面安抚阿娜，另一方面向街道联合调解室求助，寻求解决途径。

调解室调解员在了解整个事件后，提出了两点意见：一是两人都是成年人，你情我愿，事情发生时阿娜也神智清楚，不能认定强奸；二是阿娜有监护人，应与她的父母取得联系，如实说明情况，共同做阿娜的工作。

联合调解室的优势在于，它虽然是一级民间调解组织，但因办公地点设在派出所，对当事人能够起到一定的震慑作用，有利于矛盾的成功化解。王某被叫到派出所后，一下子心虚起来，调解员十分严肃地与他摆事实讲道理："阿娜是残疾人，属弱势群体，受法律的保护。你的动机是想占人家的便宜，根本不是出于男女朋友之间的正常交往，你利用她精神残疾、思想偏执的缺陷占便宜，出了事却一走了之、不闻不问，这样做违背社会主义道德，你心里能踏实吗？还有，你利用工作之便与用户发生不正当关系，这是给单位抹黑，单位能容忍你这样做吗？"一番话说得王某羞愧地低下了头。在调解员的努力下，王某终于答应给阿娜 5 000 元作为补偿。

与此同时，阿娜远在国外的父母也多次给社区书记和调解员打电话，还传真过来正式的授权委托书，请求他们帮助处理此事。

社区书记多次对阿娜进行劝说，终于做通了阿娜的工作。阿娜在社区和计生办人员的陪伴下做了人工流产手术。

事情的结果还是令人满意的：在社区和联合调解室调解人员的监督下，王某兑现了补偿金。街道办事处也从“和谐基金”中拨出部分费用作为阿娜的营养费。考虑到阿娜的精神状态和生活现状，社区指定专人与阿娜“结对子”，照顾阿娜的生活，直到阿娜的父母回国为止。

## 二　社区工作者的心得体会

在社区层面上，处理问题时团队的经验很重要，同时应站在对方的角度运用社会工作理论中的同理心想问题。在很多事情的处理中，你如果不站在当事人的角度去想问题，就不知道这件事情怎么就发展到这个地步，你也无法理解他们怎么会有这种诉求。基层的事情最复杂也最简单，当你真正融入到他们这个群体时，你就会明白他们为什么会有这种想法。急人之所急，想人之所想，很容易就把事情说清楚了，给解决了。

在这个案例的处理过程中，我还感觉到，社区特殊群体还是很缺乏保护。比如社区精神健康机构的地位一直以来都没有得到很大的提高，但社区中却往往存在很多特殊群体，如身体残疾人群和患有精神疾病人群。现在我们要关注的是如何利用不同的服务系统来更好地为这些人提供帮助。我们不能在这些人遇到困难甚至危险时才想到去帮助他们，而是应在日常生活中就要展开系列的治疗和随访工作，提高他们应对生活的能力。同时，我们还要建立社区的应急方案，来保证这些特殊群体免受伤害。

## 三　案例点评

社区的特殊群体保护问题需要每一个社区工作者认真调查，全力投入。他们是社会的弱势群体，社区是他们赖以生存的场所。在本案例中，得知阿娜受到侵害后，社区工作者做的两个方面的工作值得借鉴：

首先，分析社区中存在的阻碍精神残疾女性成长和生活的不利因素，并及时把这些不利因素消除。比如，为切实强化监护人责任，居委会联系了其在国外的父母，获得其父母的监护授权，有效保护阿娜的正常生活。

为阿娜做心理治疗，缓解其精神紧张情绪，防止其精神疾病的恶化。在此要说明的是，在处理阿娜的事情时，鉴于阿娜是限制行为能力人，取得阿娜监护人的授权委托书是非常重要的。

其次，在患精神疾病的阿娜受到利益侵害后，社区工作者寻找法律保护依据，依法保障她的权益。王某无视阿娜的权益，采取欺骗的手段损害阿娜的权益，应受到法律的追究。在这一环节中，社区工作者能够主动寻求与其他专业人员合作解决问题，体现出社区工作者调动各种资源为服务对象服务的意识和能力。

## 四　理论拓展

目前，妇女在维权方面主要存在以下几个方面。

（1）社会政治参与方面。

妇女在参与国家和社会事务管理方面与男性有较大的差距，女性的参政意识较男性而言仍显得相对淡薄，女性社会事务参与度和参与意愿低于男性。有些单位配备女领导和选举女代表抱着“主要是为了完成任务”即完成所下达的指标而已。甚至有些用人单位在招聘中贴出明显歧视妇女的内容。

（2）劳动权益方面。

城镇妇女劳动权益受侵害的现象最为严重，女性由于性别原因在就业、再就业中受到歧视的现象较男性突出。有的单位和部门在招聘中招男不招女，理由是女人结婚生孩子耽误工作，还要负担其生育费用。还有减员增效中裁女不裁男、女工劳动保护规定不落实等问题也很突出。比如，妇女在经期、孕期、哺乳期应该受到而没有受到特殊保护，男女两性在工作职位和晋升机会上存在的差异直接影响到他们之间收入的差异、所获得的社会保障和职工福利的差异，实质上反映出了妇女的社会地位与男性所存在的差异。

（3）婚姻家庭权益方面。

妇女在婚姻家庭权益方面受侵害的现象时有发生，由于受传统思想的影响，妇女遭受家庭暴力的现象在一定范围的人群中还存在，例如：在涉及离婚案件的审理中，依然还有当事人认为老婆是自家的，“打老婆”并不犯法；由于收入差距的存在和其他思想的影响，有妻子者与别人同居，甚至变相“包二奶”。此外，拐卖妇女、卖淫嫖娼等社会丑恶现象屡禁不止，严重侵害了妇女的权益。“男尊女卑”的思想在一些地方和范围内还根深蒂固，表现为：在计划生育方面存在溺弃女婴，歧视生女孩的母亲；在受教育方面，适龄女童失学辍学严重和相比男性更多女性享受不了高等教育；在有些偏远山区，老年女性再婚被儿女干涉，寡妇和离婚妇女再婚被限制不准带走其财产或小孩，甚至被限制再婚等。

《中华人民共和国妇女权益保护法》确定了贯彻宪法尊重和保障人权及男女平等的精神，消除妇女发展的障碍，采取特别措施保障妇女切实有效地实现男女平等的权利，对弱势群体给予倾斜保护与救济扶助的基本思路。主要表现在以下几个方面。

(1) 文化教育权益方面，重点是消除教育领域的性别歧视和关注贫困、残疾和流动人口等弱势群体。

(2) 劳动和社会保障权益方面，重点是防止就业中的性别歧视、强化女职工怀孕、生育等特殊时期劳动保护，推进生育保险等方面。

(3) 人身权利方面，立足于解决妇女人身权利保护中出现的新情况、新问题和完善妇女人身权利的保障制度，对利用妇女进行淫秽表演、在媒体上贬损妇女人格、性骚扰等予以禁止。

(4) 婚姻家庭权益方面，针对预防和制止家庭暴力的责任主体不明确，对家庭暴力的制裁缺乏可操作性，离婚妇女财产权益难以实现等问题做了进一步的补充规定，明确了国家和有关部门的救助责任，加大了对离婚妇女财产权益的保护力度。

法律规定，妇女的合法权益受到侵害时有四条救济渠道：一是要求有关部门依法处理；二是依法向仲裁机构申请仲裁；三是向人民法院起诉；四是向妇女组织投诉。

## 五 资源链接

（1）论妇女权益的突出问题和对策．http：//wenku. baidu. com/view/81c03c116c175f0e7cd13748. html？ from=rec&pos=1&weight=14&lastweight=6&count=5.

（2）刘梦．社会工作资源手册．北京：中国劳动社会保障出版社，2007.

## 六 案例涉及的行政资源

街道残联、妇联、计生办、司法所等。

# 案例八　回迁小区遗留物业问题

## 一　案例简介

### （一）事件描述

某社区某楼共有500余户居民。该楼为某集团开发建设项目，自交付使用后，由物业公司代为管理，由于遗留问题多，设备、设施不能进行分割，短期内不能完成业主委员会成立的工作，便实施物业小区自治。经过一段的物业小区自治后，各种问题不断产生，引发了小区业主的普遍不满。业主反映的问题主要集中在：

（1）物业引入废品收购服务，但没有主管人员进行有效管理，致使院内西南角有一个大的垃圾堆。

（2）由于没有预设地下停车场，居民停放车辆挤占消防通道造成车辆堵塞。

（3）设计缺陷致使居民堆积物纷杂，挤占公共空间和楼道。

（4）楼内出租房屋多，流动人口多，人员素质参差不齐，造成道德和社会公德意识缺失。

（5）物业管理费用收缴困难，社区居民与物业公司的服务矛盾凸显。

（6）楼内堆放的易燃物品多，挤占楼内消防通道和公共空间，不利于紧急疏散。

### （二）社会工作介入

2011年，上海火灾为社区公共安全工作敲响了警钟，此楼的公共安全工作和消防安全工作，被街道公共安全部门列为重点防火项目。为了保证人民生命财产安全，满足此楼居民诉求，完善社区综合治理工作机制，社区领导班子召开工作会，对居民反映的问题进行了分析，认为主要问题是垃圾堆积影响社区安全。

为此，在街道公共安全办、消防中队、派出所、物业公司的大力支持协作下，社区启动了此楼可燃物清理工作。

第一步，社区居委会与物业公司洽谈可燃物清理事宜。

（1）时间：2010年12月21日上午9点30分。

（2）地点：物业公司经理室。

（3）参与人员：物业公司经理、公共安全办工作人员、消防局警官、社区民警、社区治保人员。

（4）主要议题：垃圾堆的清理，楼道里可燃物的清理，消防通道的治理。

经洽谈，物业公司决定近期处理掉大垃圾堆，重新规划消防通道，同时协助居委会清理楼内可燃物。

第二步，社区居委会召集居民对清理方案进行表决。

出于为清理工作打下良好的居民基础，取得社区居民的支持，社区居委会召集此楼居民代表、楼门院长召开听证会，听取居民代表意见建议，并举手表决通过了清理易燃物方案。社区居委会在召开居民代表会后，与物业公司加强合作，制作了宣传单和宣传横幅，借助春节前安全大检查工作的有利契机，开展此楼居民可燃物清理和居民联合签名活动，为下一步入户清理工作奠定基础。

第三步，清理工作。

社区联合物业公司对此楼内的可燃物进行清理，最后清理各种木板、废旧家具、易燃物品等垃圾共计两大车厢。

## 二 社区工作者的心得体会

社区建设一直要求实行社区网格化三级管理体系，这次清理可燃物，我们就有效动员了三级体系，街道、社区和居民三级体系发挥了很重要的组织作用。

这个事情的成功开展还要归功于我们社区的志愿者队伍。社区志愿者是这次活动的主力。他们积极投入到活动中，把社区的各个死角都清理得干干净净。他们说，社区环境的改善要靠我们大家，我们要贡献自己的力量。

事实证明，网格化的社区管理模式能够很好地收集信息，集思广益，使社区管理服务立体化。这次活动使我们加强了与居民的沟通，有效满足了居民的诉求。

## 三 案例点评

通过社区物业管理的完善和火灾隐患的清除，我们可以发现两个亮点：社区网格化管理体系和 SMART 原则的有效利用。

第一，当前社区网格化建设正在全面推进，我们要学会有效地利用网格化带来的在信息流动上的优势，真正做到社区管理以服务居民为前提。在这个案例中，居委会利用网格收集信息，能更全面地收集到居民诉求，并使之流向居委会，同时积极组织各级网格人员参与讨论，完善行动方案。

第二，在确定了社区的主要问题后，社区工作人员如何确定目标，并制定切实可行的行动方案显得十分重要，在此我们可以从管理学大师彼得·德鲁克（Peter Drucker）提出的 SMART 原则中获得启发：目标必须是具体的（specific）；目标必须是可以衡量的（measurable）；目标必须是可以达到的（attainable）；目标必须是实实在在的，可以被证明和观察的（realistic）；目标必须具有明确的截止期限（time-based）。

第三，在这个案例中，社区工作人员有效地调动了社区居民参与，而且不仅仅是居民的参与，还调动了居民的积极性，将居民的意见融入到最终的决策中，体现了居民的意愿，促进了居民的参与，保证了任务的有效完成。

## 四 理论拓展

社区网格化管理，是近年来各地积极探索和大力推广的一种新型社区管理模式。其基本思路就是，在街道、社区大格局不变的基础上，将城市基层划分成若干个单元网格，并搭建社区信息化平台，以网格化的方式，来整合社区资源，强化社区职能，提升社区服务，从而实现社区管理科学化、精细化和长效化。它源自北京等城市对“万米网格”城市管理系统的探索和实践。从发达城市多年来的实践看，社区网格化管理的总体思路和技术条件已基本成熟，社会认知度越来越高。

社区责任网格的通俗理解就是“公共服务进社区，社区事务进网格”。社区事务主要集中在民政、计生、就业、社保、城管、创建、综治、党建等方面，并有进一步拓展的趋势。社区内的居民楼院、商务楼宇、街区、市场、学校、医院、文化体育场馆，以及驻区单位、公共服务站所、物业管理机构、社区民间组织等，均可归至各个网格。因此，将社区事务逐项分解到每一个网格，将社区信息全部定位于每一个网格，是社区网格化管理的重要内容。街道、社区工作人员，除了条线上的职责，还应该在网格内找到自己的任务。专职社区工作者、党支部书记、居民小组长、楼栋长、清洁工，以及各方面的社区志愿者等，共同构成了各网格的责任主体。总之，参与公共服务，促进依法治理，保障居民监督，履行社会责任，是社区网格的主要职责。

社区责任网格可分为两大类：第一类，居民区网格，即以居民区为主体的责任网格；第二类，单位网格，即以辖区单位为主体的责任网格，以及属于非居民区类别的其他网格。从街道、社区的主要职责看，目前的管理重点是居民区网格。而涉及计生、综治等方面的社区事务，还需要单位网格发挥作用，以达到“共驻共建”的要求。单位网格的划分，应符合以下条件：区域相对完整；具有较大的占地范围和管理规模；以非居住功能为主导；与居民区边界清晰；有独立设置的稳定性和持续性；能切实履行网格内的社会责任和公共义务。对于那些占地较小的单位，则以就近纳入居民区网格为宜。

社区网格化管理中也存在一些弊端。一是社区事务繁杂，各方面工作都要进社区，因各自为政而导致重复浪费，资源整合不够，条块结合不够，属地管理机制尚不完善。二是社区工作调查多、统计多、报表多、台账多，管理手段落后，综合效率不高，信息共享机制尚未形成。三是社区相当多的时间和精力花在开会、迎检、整理资料上了，场面性的活动开展较多，社区工作人员的“上门服务”、“面对面服务”与居民要求相比还有一定差距。四是社区工作行政化、机关化倾向较为突出，社区工作人员的考评机制、队伍建设有待加强等。

因此，推进社区网格化管理，必须加强和改进社区服务工作，大力推进公共服务体系建设，使政府公共服务覆盖到社区；培育社区服务民间组织，组织开展社区志愿服务活动；鼓励和支持各类组织、企业和个人开展社区服务；充分发挥社区居委会在社区服务中的作用，努力实现社区居民困有所助、难有所帮、需有所应。

## 五 资源链接

（1）北京市社会建设工作领导小组办公室．关于推进网格化社会服务管理体系建设的意见//北京市社区工作者培训大纲．北京：北京出版社，2012.

（2）关于推进社区网格化管理的初步思考．http：//blog. voc. com. cn/blog_showone_type_blog_id_380356 p_1. html.

## 六 案例涉及的行政资源

街道公共安全办、防火办等。

# 案例九 施工噪音扰民

## 一 案例简介

### (一) 事件描述

2009年下半年，某社区内一大厦进行施工改造，因为施工噪音较大，邻近的甲胡同居民要求大厦对他们进行噪音污染补偿。大厦按照有关规定，对邻近的甲胡同居民进行了相应补偿。

随着工程的不断扩大，不仅仅是甲胡同的居民，乙胡同的居民也开始受到噪音的影响。

乙胡同居民在受到噪音影响后，不断向社区居委会反映这一问题，引起了社区居委会的高度重视。

### (二) 社会工作介入

社区居委会在接到居民的不断反映后，立即意识到这个问题已经在居民中引起了较大的影响。因此，社区工作人员立即联系大厦施工方。

通过与当事双方进行沟通后，居委会对主要问题做了分析：

(1) 施工方认为，施工噪音补偿是通过科学测量噪音数据进行补偿的。乙胡同居民索要的补偿不能成立，因为施工方的噪音在乙胡同并未达到需补偿的标准。

(2) 乙胡同居民认为，施工方的噪音已经远超标准，已经严重影响了他们的生活。施工方测定的噪音指数存在虚假情况。居民要求施工方必须对噪音问题进行补偿。

可见，双方在这个问题上的争论焦点在于工地的噪音指数到底有没有达到噪音补偿标准。于是，居委会拿出了针对性方案。

第一步，居委会说服施工方对工地施工噪音进行重新测量，并要求社区居民在场见证。

第二步，居委会为了保证工作的有序进行，组织居民选取居民代表，由居民代表全权负责与施工方进行接触，维护广大社区居民的利益。

第三步，居委会邀请了街道相关部门与城管工作人员到场，使整个过程权威有效。

第四步，居委会组织施工方在居民代表和其他公证人员在场的情况下，进行噪音测量。

测量组织过程如下：

2009 年 10 月 15 日早上 9 点，施工现场大厦党支部书记打来电话，邀请社区居民代表进行噪音测量监督，保证整个过程公开公平。社区工作人员立即告知了居民代表。

晚上 7 点半，部分居民代表到达居委会。

晚上 8 点半，全体人员到施工方办公室，得知水泥车大约一个半小时到达现场。

晚上 9 点 35 分，东城环境监督站两位工作人员到现场，他们说明这次测量是施工方委托进行的边界测量，而不是投诉测量，只能按工作标准测量。测量人员的这一说法引起了在场居民的很大反应。居民纷纷要求撤销这次测量，但是施工方坚持要求测量。测量人员要求委托方与居民代表对测量后的数值签字确认。

晚上 11 点，测量人员选乙胡同 32 号院与 46 号院之间的空场为测量点，测量数据为 56.7 分贝，乙胡同 19 号院门前的测量数值为 48.2 分贝。

第五步，经过公正测量后，施工方认真研究了数据。两个星期后，施工方按照测得的数据，将补偿款发放到所有受影响的居民户手中，此事平稳得到解决。

## 二　社区工作者的心得体会

社区事务无小事，而保持社区稳定是头等大事。而且，这种问题在社区比较普遍，应该给予重视。这种情况下，让施工方停工是不可能的。怎样处理居民的诉求呢？只有通过居民代表与施工方接触，才能有效地处理诉求。

在补偿过程中，居民之间产生了分歧，因为施工方对居民的补偿分配采取了阶梯方案。这个时候，居委会就要替居民说话，不能让居民吃亏，也不能让居民与施工方的矛盾激化，影响社区稳定。通过居委会与施工方交涉，施工方对居民进行了慰问。

处理问题的关键是抓住各方的诉求，寻求一个平衡点，一个让各方都能够接受的平衡点。实际上，有时候大家争的不是多少利益，而是一句话，争的是一口气。所以，居委会做的工作就是要把纠纷各方的气给捋顺了。要站在对方的立场上换位思考，替对方想问题，这种简单的工作方法能够解决复杂的纠纷，但这种工作方法需要长期经验的积累。

## 三 案例点评

结合该案例，社区居委会在解决社区事务时的态度和方法着实令人印象深刻：

第一，社区工作人员认真对待居民的诉求。施工噪音扰民在许多城市都是普遍存在的问题，但是相关的社区工作事例却比较鲜见。案例中的社区工作人员能够急居民之所急，把居民的诉求当作重要工作内容，及时回应，不回避，不推诿，值得称赞。把居民最关心、最迫切的诉求放在心里，予以关注，是做好居民工作的第一步，也是非常重要的一步。

第二，社区工作人员有效组织居民表达诉求的方法值得学习。该社区工作人员在面对居民普遍反映噪音扰民的情况下，及时组织居民成立代表委员会，使群体性无序诉求变成有组织的合理表达，增强了居民维权的合法性和有效性，避免了造成群体性破坏事件的可能。

第三，社区工作人员能够及时引入第三方权威部门，对噪音进行有公信力的测量，使整个维权活动合理、合法地进行，从而让行动更加富有成效。这表明，在涉及多方利益时，独立公正的非利益相关方的介入，更能有效设计合理方案，化解矛盾。对于社区工作人员来说，了解各类问题相关的权威评估部门，善用相关资源，就能起到事半功倍的效果。

## 四　理论拓展

社会运动是集体行为的一种形态，也是一群人共同参与并推动某一目标或想法的活动。社会运动涉及有组织的行为，而且谋求改变现状，其结果是社会变迁。

社会运动初期，居民通常用抗议与游行等非制度化方式来支持或反对社会变迁。社会运动的参与者必须是广大居民，而非少数几个人；必须具有持续性，否则，不过是昙花一现；通常要有意识理念来说服参与者与一般大众。由此看来，社会运动可以说是一个团体具有目标且有计划的共同行动，其目的在于改变整体或部分的社会现象，可以看作社会变迁的一种手段或策略。

社会运动的手段包括运动所需要和利用的一切工具，这些都是运动的硬件设施，是物质基础，也包括它以何种方式开展。一般来说，运动的方式有革命激进式与和平渐进式两种，前一种方式多是在彻底否定原有社会秩序和制度的前提下力图重建新的社会结构和制度才采用的。在特定的历史阶段，这种社会运动方式曾发挥了极大的社会功能，产生了重要的历史意义。但在以和平为主题的当今社会，需要的则是后一种方式，它建立在对现有社会秩序基本满意的基础上，通过改善社会的某些方面来改善整个社会。采用和平渐进式是人们理性逐渐趋于成熟的表现，而更重要的是，这种方式的社会运动足以解决今天的社会问题，从而促进社会的发展，这已是被实践特别是西方的社会运动实践验证了的。

对于社会成员而言，首先，社会运动的开展能够提高社会成员的社会参与能力，增强人们的社会责任感。社会运动号召人们关注社会问题，将社会问题的解决作为目标。在运动中，个体的利益是内化在集体中的，个人与集体是等同的，在这种价值导向下，参与运动的人们将更多地考虑社会的和集体的利益，人们的集体意识和社会责任感被极大地唤起并增强，相应地，他们的社会参与程度也会逐步提高。其次，社会运动可以促进社会成员间的相互信任，从而有利于整个社会信任的建构。作为一种重要的社会资本，信任是一个社会发展所必需的伦理要求。在社会运动中，个体是融入整体的，“个人要把自己的利益寄付于别人身上，大家都相互信任，相互依存，高度信赖，人们的意志才能统一起来，形成组织起来的强大力量”。

## 五 资源链接

（1）冯仕政．西方社会运动理论研究．北京：中国人民大学出版社，2013.

（2）［法］阿兰·图海纳．行动者的归来．北京：商务印书馆，2008.

（3）王美琴．社会运动中的社会学解读．广西社会科学，2004（10）.

## 六 案例涉及的行政资源

街道城市综合管理办公室、城管分队等。

# 案例十 废品回收人员管理

## 一 案例简介

### (一) 事件描述

某社区有两个青年：一个叫阿花，她智力有问题，同时还有癫痫病；另一个叫阿龙，他是残疾人。阿花家在该社区某楼有住房，但是已经出租，现在其他家庭成员全住在其他社区，而她依然住在本社区，她父母把她推出家庭，很少关注她。她平时会偷邻里的东西，还常常骂人，邻里对她多是躲避。阿龙全家都是残疾人，生活困难。随着年龄的增长，阿龙逐渐脱离家庭，不服从家庭管教。就这样，他们两个人聚到了一起，一块捡废品谋生。

在这个社区，尤其是此楼的住户中，时常有居民说家门口刚放了什么东西就被顺走了，还经常有居民来告状，说阿花又骂谁了，又和谁打架了。有些居民有时候因为气恼甚至还打过她。

2010 年 7 月，有居民反映他们俩捡拾的废品把此楼的防火通道堵塞了，导致严重的安全隐患，居民们很是担心楼层的防火安全。

社区居委会在接到居民反映后，立即前往此楼查看情况。居委会工作人员觉得这不只是简单的堵塞通道的问题，阿花和阿龙两位青年在社区的境况日益恶化，需要社区居委会的全面介入来扭转这种局面。

### (二) 社会工作介入

鉴于阿花和阿龙都是残疾青年，社区干部尽量用温暖关怀、亲近他们，感化他们。残疾人座谈会上，社区邀请他们两人参加，还给他们发放慰问品。平日里，社区主管残疾人工作的主任经常找到他们，与他们谈话，嘘寒问暖，同时也借机开导他们。但是，这样的工作方式并没有改变阿花和阿龙二人的心态，他们依旧与往常一样。

更有甚者，阿花每隔几天就要到居委会大骂管她的居民和主任，使得社区居委会人心惶惶，严重影响社区正常办公。而社区民警上门与她谈话时，她又一概不认账，同时对民警也是出言不逊。这该怎么办呢？社区工作人员面对以上情况，进行了初步分析，认为存在以下问题：第一，阿花和阿龙为残疾青年，应该从什么角度去照顾他们；第二，阿花和阿龙抗拒社区工作人员的工作，让工作人员无从下手；第三，阿花和阿龙严重影响了社区邻里的生活，民怨较大。

居委会与综治办工作人员讨论后，决定首先必须采取措施来规范阿花和阿龙的行为，这样才能扭转当前的不利局面。他们平日里总是占小便宜，欺负老弱，居委会必须借助这次机会对他们进行教育。为此，居委会邀请派出所民警和街道综治办工作人员组成联合小组，前往社区现场办公。联合小组采取人员由派出所负责管理，废品清理由物业部门和居委会负责的方法。阿花与阿龙见到这种情况，不再耍赖，马上承诺一周内将楼道清理干净。在居民、居委会的监督下，他们二人很快就将楼道清理干净。

可是不久后，两位青年重新开始在楼道堆放废品。居民又到居委会反映，要求居委会尽快采取措施。居委会认真向居民解释，他们二人是残疾人士，我们要多关爱他们，对于他们违反社区规定、危害居民安全的行为，居民要积极想办法解决问题。居民了解到这一情况后，决定组成自治小组，监督他们二人的行为。自治小组主动去清理阿花和阿龙二人堆放在楼道的废品。就这样持续了多个回合，他们二人就不再在楼道内堆放废品了。

## 二 社区工作者的心得体会

这两个人属于弱势群体，谋生的渠道少，没有自我约束力。我们给他们介绍过很多工作，他们都干不成，生活很窘迫。面对这样两个残疾青年，我们尽量用温暖关怀、亲近他们，希望能够感化他们。

与他们接触多了，你会发现其实他们的精神并没有太大问题，就是俗话说的“一根筋”。他们以捡废品为生，但是捡完废品后也不卖，把居民出入口给堵住了。但是，这种行为不是违法行为，虽然居民反应很强烈，但我们还是要考虑他们是残疾人，应以说服教育为主。

后来我们想到，对于社区居民的这种处于违法边缘的行为，物业部门管不了，居委会也管不了，但派出所能够产生一定的威慑作用，于是请民警过来帮忙。我们居委会主要是帮助劝解，让他们平时能够多注意，别危及社区其他居民的生命财产安全。

根据我们的经验，具体事情要具体分析。平时对社区的残疾人，我们会经常给予关心帮助，提供各种保障，但是像阿花和阿龙这样的残疾人，平时的残疾人政策有时不太适用，这时候就要就事论事，拿出具体的方案来解决问题。因此说社区工作实务没有固定的套路，要靠不断地积累经验，才能够解决好各种复杂的问题。

## 三 案例点评

这个案例的解决过程比较复杂，很明显有三个阶段：第一是居委会的耐心劝导，但没有起作用；第二是派出所与综治办工作人员的介入，起到短暂作用；第三是居民自发组织起来抵制不良行为，形成了长期的稳定。

从这三个阶段中，我们可以发现最终的居民组织力量战胜了危害社区安全的行为。可见，关系到居民切身利益的事情，由居民组织起来自行解决是最有效的方法。但是同时，居委会和社区各种管理机构要给予居民组织专业的指导，避免出现过激行为。比如，在这个案例中，两个残疾人并没有违法行为，如果任由居民自行解决的话，就有可能从普通的邻里纠纷演变成违法犯罪。

不可忽视的是，在这个过程中，始终没有从两位残疾人的角度出发，帮助他们解决生计问题，这是该个案处理方面的一个不足。社区应该在特殊人群教育与保护上多下力气，掌握更有效的开展残疾人工作的专业方法，这样既能保护特殊人群，又能有效解决涉及特殊群体的社区事务。

## 四 理论拓展

面对两个残疾人给社区造成的困扰，社区工作者在保护其他居民的利益的同时也应当对自己的工作有所反思，即应当如何看待残疾现象或者把残疾人看成是哪种类型的人，这是如何对待残疾人的前提条件。而社区工作者所形成的看法将会对社区工作产生重要影响，所以作为社区工作者应当摒除偏见，坚持正确的观念。因此，我们在这里介绍一下标签理论和正常化理论，以及残疾人分类标准，以期对今后的社区工作有所帮助。

### （一）标签理论

标签理论是解释某些偏差行为何以产生的理论，也是反对那些不正确地“制造”偏差行为的理论。这一由美国社会学家提出的理论认为，在美国社会，某些人的行为被认为是偏差行为，这是社会上有权势的人给弱势者贴标签的结果。本来，站在弱势群体自己的立场上看这些行为是无可指责的，但是在那些有权势的人看来这些行为则不合规范，从而给这些行为加上“偏差”、“不正常”的标签。又由于这些人具有权势，经过宣传或某些社会程序，这些加在弱势群体头上的“偏差”、“不正常”的标签逐渐被广大社会所接受。

然而对于提出标签理论的社会学家来说，有些弱势者的“偏差”或“不正常”，与其说是真正的偏差，倒不如说是有权势者给弱势群体妄加标签的结果。有权势者的妄加标签使那些可能并不属于偏差的行为成为“偏差行为”，而且这种妄加标签的做法可能真的会导致弱势者的偏差行为。

### （二）正常化理论

正常化理论是用来分析和看待诸如精神病患者及其他伤残人士等某些特殊的社会群体的理论。在社会工作领域中，正常化理论一般有两种含义：

（1）以服务对象为本的社会工作价值理念认为，由于贴标签的缘故，以往把残疾人等一些工作对象的行为视为异常，并采用主流社会通行的所谓“正常”的方法去治疗他们实际上是有失偏颇的，因为在社会工作者和治疗者或助人者眼里被视为不正常的行为，其实在服务对象群体里是很正常的，问题的关键是助人者把自己看问题的眼光强加于受助者身上，换而言之，问题实际上是出在助人者对服务对象的任意标定上。

（2）所谓正常化就是为受助者提供与平常人相似的生活环境，包括让他们回到自己熟悉的平常社会，过平常人的生活。英国倡导和推行的社区照顾就含有这种意思。美国全国智力迟钝公民协会曾对正常化所作的界定是：所谓正常化就是帮助残疾人获得一种尽量接近正常人的生活方式，使他们的日常生活模式及条件尽量与社会中大多数人一样而不是有意地将他们区隔开来。在社会工作实务中之所以强调这一点，是因为社会工作承认所有人（包括残疾人等）都具有尊严和价值。

上述正常化理论引出一个对残疾人社会工作的启示，即残疾人社会工作尤其需要从服务对象的角度去看待事物而不可妄加臆断和随意标定。

**（三）残疾人分类标准**

2011年我国颁布实施的《残疾人残疾分类和分级》国家标准将残疾分为七类：视力残疾、听力残疾、言语残疾、肢体残疾、智力残疾、精神残疾和多重残疾。具体如下：

（1）视力残疾。各种原因导致双眼视力低下并且不能矫正或双眼视野缩小，以致影响其日常生活和社会参与。视力残疾包括盲及低视力。

（2）听力残疾。各种原因导致双耳不同程度的永久性听力障碍，听不到或听不清周围环境声及言语声，以致影响其日常生活和社会参与。

（3）言语残疾。各种原因导致的不同程度的言语障碍，经治疗一年以上不愈或病程超过两年，而不能或难以进行正常的言语交流活动，以致影响其日常生活和社会参与。言语残疾包括失语、运动性构音障碍、器质性构音障碍、发声障碍、儿童言语发育迟滞、听力障碍所致的言语障碍、口吃等。此类残疾的确定针对3岁及以上人群，即3岁以下不定残。

（4）肢体残疾。人体运动系统的结构、功能损伤造成的四肢残缺或四肢、躯干麻痹（瘫痪）、畸形等导致人体运动功能不同程度丧失以及活动受限或参与的局限。

（5）智力残疾。智力显著低于一般人水平，并伴有适应行为的障碍。此类残疾是由于神经系统结构、功能障碍导致的个体活动和参与受到限制，需要环境提供全面、广泛、有限和间歇的支持。智力残疾包括：在智力发育期间（18岁之前），由于各种有害因素导致精神发育不全或智力迟滞；或者智力发育成熟以后，由于各种有害因素导致智力损害或智力明显衰退。

（6）精神残疾。各类精神障碍持续一年以上未痊愈，由于存在认知、情感和行为障碍，以致影响其日常生活和社会参与。

（7）多重残疾。同时存在视力残疾、听力残疾、言语残疾、肢体残疾、智力残疾、精神残疾中的两种或两种以上残疾。

## 五 资源链接

（1）张福娟．残疾人社会工作案例评析．上海：华东理工大学出版社，2010.

（2）残疾人社会工作理论与实务．http：//www.sowosky.com/forum.php?mod=viewthread&tid=41570&extra=page%3D3.

（3）李翠英．残疾人社会工作．天津：天津大学出版社，2009.

## 六 案例涉及的行政资源

街道残联、综治办、地区派出所等。

# 案例十一 扶贫助学公益拍卖活动

## 一 案例简介

**(一) 事件描述**

某社区打算举办一场以爱心互助为主题的社区家庭闲置物资交流会，但经过认真调研与可行性分析，社区居委会发现：第一，这里不具备合适的场地；第二，爱心互助的主题模式显得不够具体，难以调动居民的积极性。

后来，中国社会工作协会社会公益工作委员会联系居委会，希望做个社区公益活动。以此为契机，居委会进一步对社区成员进行摸底调查，经调查统计，社区低保户有43户，低保学生达到26名，享受低保的残疾人和残疾学生分别有15人和3人。针对这一情况，为减轻社区贫困家庭的经济负担，帮助困难家庭孩子的教育，居委会将活动主题定位为扶贫助学公益拍卖活动。

**(二) 社会工作介入**

在确定举办社区扶贫助学公益拍卖会后，社区工作人员开始全面着手活动的筹备工作，但遇到了以下障碍：

(1) 社区工作人员不懂公益拍卖的组织程序，难以很快上手。

(2) 以公益为幌子搞诈骗的现象经常发生，社区工作人员担心社区居民对这一活动缺乏信任。

(3) 由于以前未举办过类似活动，社区工作人员担心无人参与拍卖。

针对这些问题，居委会立即有针对性地展开了系列活动：

第一，社区工作人员详细学习了公益拍卖会的程序设置，了解了拍卖会的实施过程与标准规范。为了制定完善的项目方案，充分评估风险，采取规避风险的措施。凡捐赠的物品拍卖后的价款都作为捐款，凡参加捐助的居民都能看到自家物品竞拍了多少钱。

第二，社区党委等相关部门召开动员会，倡导、动员离退休老干部以及社区单位积极参与本次公益拍卖活动。利用端午节慰问老干部之际，送上宣传品，进行广泛动员。

第三，向社区居民、社区单位宣传本次公益拍卖活动的宗旨，反复做社区单位及社区居民的工作，促进各单位积极投入到社区建设中来，告知大家家庭和单位的闲置物品、库存积压品等均可捐赠，也可委托拍卖。

活动组织过程中，居委会将拍卖会安排在露天的居民大院，让广大居民充分享受社区拍卖会这一新的活动方式。保证拍卖会人数，有出有进，参与的人越来越多。

最终，驻社区机关单位及社区学校等单位积极参与了社区拍卖活动，征集的物品超出预计（预计50件，实际共收62件），包括电视、电脑、音响、桌椅、服装、床上用品、电子琴、电子书、饮水机、健身器、保健品、套杯、字画、十字绣、紫铜火锅、酒、调料等，这些都是家庭闲置物品或单位赞助物品，会上62件拍卖品全部拍出。

此次活动在全国刊物《公益人》及公益人网站、《北京社区报》、《东城报》、《北京日报》、《北京晚报》、歌华有线党建频道均有报导。

## 二 社区工作者的心得体会

这种活动在我们社区是第一次举办，起初想搞一个物资交流会，给需要这些东西的人提供一个简捷、便利的交流渠道。中国社会工作协会社会公益工作委员会的参与使我们决定开展一次公益活动。

经过调查，我们决定将主题定为扶贫助学公益拍卖活动，在中国社会工作者协会社会公益工作委员会的指导下，我们开始收集拍卖物品。社区的老干部积极响应，给我们提供了大量物品。另外我们还获得了社区单位的支持，也获取了不少拍卖品，拍卖得来的钱用来资助困难学生。

我们希望通过这个活动，在社区弘扬和谐向上的精神，向邻里传递爱心互助的理念，同时在社区营造良好的志愿服务意识。可以很明显地看到，这次活动后，志愿者的活动积极性大为提升，经常有大量志愿者参与社区活动。

## 三　案例点评

社区就是一个小社会，这话一点儿不假。居委会怎样从日常繁杂的工作中发现社区工作新的突破口？该社区的公益拍卖活动为我们提供了一个很好的借鉴：

第一，社区活动要围绕居民切实需要开展，为居民办实事，体现出根据社区居民需求设计方案的宗旨。社区起初只是想举办一个物资交流会，后来决定举办一个公益拍卖会。在现实需要和吸引力上，公益拍卖会要比物资交流会好很多。从职能分配上看，物资交流会更适合交给市场这只“手”来做，而公益活动更多的要靠社区、政府来做。居委会在数据统计的基础上做出了举办公益活动的决定，反映了科学决策的精神，值得我们学习。

第二，该社区不仅敢于创新社区工作的方式，同时还注意调动社区资源，有效地调动了各方的积极性，促成了活动的成功举办。辖区单位和社区的学校单位是社区建设的骨干力量，社区没有忽视这些资源，有效调动了它们。公司、单位分布在社区，而社区建设中往往忽视了这样一股力量，重视和应用这股力量是社区建设的基础工作，是社区建设的社会资本所在。

## 四　理论拓展

社会交换论是美国当代主要社会理论之一，产生于20世纪50年代末期。社会交换论与结构功能主义理论不同，它重点研究人际关系中的交换现象，属于微观社会学。宏观社会学理论主要研究社会结构，包括研究社会结构是如何形成的、社会结构的不同方面如何相互影响。而微观社会学则主要研究个人以及贴近个人的周边社会环境，换言之，即主要研究人与人之间的互动。所有的微观社会学家都认为选择是人类行为的最基本的特征。生活就是没完没了的选择。所有的人类行为都建立在合理化选择的基础上，而人们的行为总是趋向于最大限度的合理化——以最小的代价获取最大的报酬。微观社会学家在上述观点的基础上，将“代价”与“报酬”的含义扩大化，使它们不仅仅包括物质的东西，而且包括精神的东西。不仅如此，微观社会学家还指出人们所追求的报酬中的大部分只能来自于与他们互动的其他社会成员。这样，微观社会学就试图通过研究互动与交换来解释所有的社会行为。互动与交换过程的规则与模式也就成了微观社会学的核心内容。

社会交换论代表人物埃莫森明确指出交换理论三条独特的核心假设。

（1）人们会经常（或一直）理性地行动，争取收益（即价值、效用、报酬或工资等）最大化。

（2）各种物品的价值是可变的，它们全都遵循着满足原则，又称价值调适原则。获得越多，自感价值越低。

（3）个体在社会互动中得到的收益取决于个体向其他人提供的利益。为了得到利益，必须有一个交换过程，这个过程本质上是社会性的、流动的。因此，可以把社会理解为一个利益流动的网络。

## 五 资源链接

（1）[美] 彼得·M·布劳．社会生活中的交换与权力．北京：商务印书馆，2012.

（2）社会交换论．http：//wenku. baidu. com/view/b785fc6da98271fe910ef990. html.

## 六 案例涉及的行政资源

高校社会工作专家、学者，辖区单位，专业社会组织等。

# 案例十二　精神病人冲击居委会

## 一　案例简介

### （一）事件描述

人人都知道社区的事务是繁杂、琐碎的，但是并不是每一个人都知道社区工作人员的工作也是很危险的。

某天早上，某社区居委会工作人员刚刚来到居委会办公地点，便发现一名患有精神疾病（轻度精神病）的居民气势汹汹地冲进办公室。居委会主任正要询问他有何事情，他不容分说便大声吆喝："卫生间的卫生太差……"然后拿着残疾人刊物冲着负责残疾人工作的主任撒泼，出言不逊，并将杂志撕得粉碎向其扔去，造成办公室一片狼藉。好多工作人员吓得不知所措，办公室气氛很是紧张。

### （二）社会工作介入

针对这位精神病患者，负责残疾人工作的主任与居委会主任冷静对待。

第一，他们冷静地判断了当时的风险状况，对风险做了评估，通过这位精神病患者的表情、动作以及面色能够感受到他还没有完全失去理性。

第二，他们比较了解这位精神病人，十分同情他的遭遇，运用同理心就能够很好地处理这种突发情况。

第三，他们在平时的工作中积累了一定的精神病患者的处理技巧，从该患者的实际情况出发，用耐心劝导的方式，平息该人的怒气，使气氛得到缓和，避免了事态的恶化。

在处理该事件过程中，各位主任抱着理解精神病患者的心态，默默承受着患者发病导致的无端发难，让该患者把自己心中的郁闷发泄出来，舒缓情绪。同时，社区工作人员保持安静，以免引致不必要的人身攻击。

## 二 社区工作者的心得体会

来居委会的这个人是当地居民，其家族有精神病史，他家住得离居委会近，他经常到居委会闹一闹，无故发飙，有时候把工作人员都吓着了。

在社区工作经常会遇到这种情况，我们应采取冷静的态度，不能与之不理智地对抗。因此，我们觉得要沉着地应对这种情况。他意识里还是明白一些事情的，等他病情发作完后，能够静下来听你说一些话，所以要让他先说，然后把他说的话的核心内容挑出来，用这些核心内容来开导他，给他切实的关怀，缓和他的情绪。其实他是想得到些什么或者争取些什么的，只是因为精神疾病的问题，表达方式比较特殊。这个时候我们就要做很好的倾听者，了解他的诉求，然后在精神上安慰他，让他的心情安静下来。

应对突发事件，我们要理智、沉着，要有预案，要明白处理突发事件的程序和各方利益相关者，才能够很好地抓主干，有效地控制局面，把整个社区管理好，在各个层面解决好问题，不能造成恶性循环。在社区工作，这种突发事件对个人是不可缺少的磨炼，了解了社区工作、做好了社区工作才能做好其他的工作。社区工作的挑战性非常大。

## 三 案例点评

社会工作者从事的事业的特殊性要求他们要注意自我保护与伦理选择的问题。在日常工作中，社会工作者自我保护问题处处存在，只是有时没有引起社会工作者的注意，通过此案例，社会工作者要明白两个方面：

一方面，社会工作伦理的具体要求可能会与普遍的社会价值观发生冲突。因为社会工作的服务对象常常是被社会视为“问题人士”的人群，他们一般都出于各种原因而处于社会的边缘，被社会主流文化所排斥（如残疾人、智障者、学习困难人士等）或者与主流文化相抵触（如同性恋者、有暴力倾向的人、心理和精神疾病患者等)，特殊的社会地位也容易使他们所持有的价值观与一般社会价值观相冲突。而社会工作者正是以他们为服务对象，因此要求社会工作者不仅要站在他们的立场上考虑问题，对他们采取理解和接纳的态度，而且要在社会层面上代表他们的利益，倡导他们的权利，为他们争取社会公正。

另一方面，因为社会工作者的服务对象可能是有过失的犯罪人群或者精神病患者，他们在人格上有缺陷、认知上有误区、行为上有偏差等，因此，社会工作者在工作中难免会面临一定的风险。

另外，在工作中有时会出现这样的现象：一些社会工作者由于人生阅历较浅、工作经验不足、工作方法欠缺、疏忽大意等原因，在工作访谈中，未能恰当应对服务对象的不当行为，结果反而被服务对象投诉，让自己深陷困境。这让很多社会工作者背上了思想包袱，感到委屈和愤怒。因此，社会工作者应尽快积累工作经验，学会应对特殊服务对象的一些方法，规避和处理好工作中的风险。

## 四　理论拓展

针对本案例，下面介绍危机介入模式，以及职业倦怠与自我保护的内容。

### (一) 危机介入模式

#### 1. 危机的定义

危机是指一个人的正常生活受到意外危险事件的破坏而产生的身心混乱的状态。危机介入模式就是针对服务对象的危机状态而开展调适和治疗的工作方法。

危机通常可以分为两类：成长危机，即每个人在成长过程中需要面对不同的任务而产生的危机；情境危机，即因生活情境的突然改变而引发的危机。

#### 2. 危机的发展阶段

危机的发展阶段可以分为发生、应对、解决和恢复四个时期。

危机产生之后，服务对象的身心处于极度的紧张状态，经过调适和治疗才会形成新的身心平衡状态。

**3. 危机介入的基本原则**

第一，及时处理。尽可能减少对服务对象及其周围其他人的伤害，抓住可改变的有利时机。第二，制定有限目标。危机介入的首要目标是以危机的调适和治疗为中心，要制定短期内就能有效缓解引发危机的问题的目标，尽可能降低危机造成的危害，避免不良影响的扩大。第三，灌注希望。让陷入危机之中的服务对象看到解决困境问题的希望，帮助他们建立信心，激发他们改变的愿望。第四，提供支持。社会工作者需要充分利用服务对象自身拥有的资源，为服务对象提供必要的支持。第五，恢复自尊。危机的发生通常导致服务对象身心混乱，使服务对象的自尊感下降。第六，培养自主能力。整个危机介入过程就是社会工作者帮助服务对象增强自主面对和克服危机的过程。

**4. 危机介入模式的特点**

第一，能迅速了解服务对象的主要问题。社会工作者需要将自己的注意力集中在服务对象最近的生活状况上，采用开放式的提问方式帮助服务对象整理自己的想法和感受。

第二，能迅速做出危险性判断。社会工作者需要对服务对象采取破坏行为的可能性及其危险程度进行评估，以便及时介入。

第三，可有效稳定服务对象的情绪，与服务对象建立信任的合作关系。

第四，能积极协助服务对象解决当前问题。协助服务对象分析危机产生的原因，并制订以解决当前问题为主要目标的介入计划。

**（二）职业倦怠与自我保护**

社会工作者每天要完成大量工作，还要应对随时可能出现的危机事件或状况，若无良好的调解方法，则很容易陷入职业倦怠。电影《第三十九号案件》中的女主人公作为一名社会工作者需要同时处理三十几件案子，其工作强度可想而知。社会工作者在“助人自助”理念的引导下，尽自己最大的能力帮助服务对象，助其获得能力的提升，然而这样的工作却对助人者自身要求相当高，助人者经常需要花费大量的时间和精力，以至于感到筋疲力尽。若社会工作者无法将工作与自身状态进行很好的协调与平衡，就很可能陷入职业困境中，这被称为“职业倦怠”。

在这样的助人关系中，助人者很容易产生挫败感和无力感，他们希望通过自己花费大量的时间和精力帮助服务对象有所提升或获益，然而事实情况却并不总尽如人意，所以社会工作者会觉得挫败而没有更多的热情去从事这一工作。同时，如果社会工作者所建立的助人关系是单向的，服务对象就不会投入太多到工作关系中，这不仅会导致社会工作者需要投入过多精力，也会令其难以获得职业成就感。此外，服务对象的问题很可能会引发助人者自身问题的产生或再现，以电影中的社会工作者为例，在面对小女孩受到家庭暴力和父母虐待的问题时，她逐渐回忆起自己的童年，同样是缺少父母的关爱和呵护，同样需要忍受孤独和寂寞，这样的情景带入、移情对于工作关系的建立会产生不良影响。

职业倦怠通常会以个体身体、情绪和心理的相关症状表现出来。身体的耗竭包括疲劳、虚弱、怀疑自己患病或者睡眠质量下降等；情绪的耗竭包括感觉到抑郁、无助和没有希望，有压迫感等，通常会使个体出现无法控制的哭泣等行为；心理的耗竭包括对自己的生活、工作不满意，态度消极等。

因此，学会有效应对职业倦怠，是助人者自我保护与照顾的重要部分。社会工作者需要认识到自己的工作中哪一部分是让自己感到压力最大、最难以应对的，自己能做些什么克服工作的弱点。当然，工作环境的改善也是缓解压力的较好方式。特别是对于经常要应对危机事件或状况的社会工作者来说，学会及早识别导致危机的风险因素，恰当应对危机，不仅能更好地帮助服务对象，也能防止由于身心透支而出现职业倦怠。

## 五 资源链接

（1）唐钧．应急管理与危机公关——突发事件处置、媒体舆情应对和信任危机管理．北京：中国人民大学出版社，2012.

（2）职业倦怠与社工伦理——社工的自我保护与照顾．http：//www. fcxlx. com/Item/Show. asp？ m=1&d=1296.

## 六 案例涉及的行政资源

街道残联、地区派出所等。

# 案例十三　环境卫生治理

## 一　案例简介

### （一）事件描述

某社区紧邻火车站，是全国各地旅客进入北京、前往市中心的必经之地。这里流动人口众多，居民生活水平不高。胡同内小饭馆、小商店密布，而这些小店卫生状况差，人口流动量大，人员素质参差不齐，胡同内整体卫生状况很差，生活垃圾随处丢弃，胡同内的垃圾箱周围污水横流。夏天一到，到处都弥漫着刺鼻的食物腐烂气味。改变社区的环境卫生状况迫在眉睫。

### （二）社会工作介入

2010年7月29日，社区组织召开了关于“火车站周边环境建设的开放空间讨论会”。大会上，居民们针对环境卫生治理问题展开了热烈的讨论，大家就共同关心的问题各抒己见，充分体现了居民自己的事情自己做主，实现了社区居民自治。所有与会人员在和谐、轻松的氛围下畅所欲言，对本社区今后的环境建设和需改进之处提出了宝贵的意见。经过汇总，社区工作人员发现居民反映的问题主要集中在：第一，社区卫生环境较差；第二，社区人员流动性大，治安状况不佳；第三，社区商户经营不规范，秩序混乱。

社区工作人员经过分析认为，首要任务是规范社区商户经营，才能够彻底扭转社区的整体混乱现象。会后，社区工作人员在社区商户、居民中开展广泛的民意调查，完善社区整改方案，最终社区工作人员拿出了一份完整的社区环境整治方案。在三个月中，社区围绕三大事项开展了环境卫生整治活动：

**1. 在社区商户中开展优秀商户评比**

针对社区外来流动人口多的特点，让社区内的外来务工人员发挥主人翁意识，积极融入到社区这个大家庭里来，有效发挥他们的主观能动性。

从2010年8月开始在社区商户中开展优秀商户评比工作。月终，在政府职能部门的配合下，由社区卫生委员、居民代表和商户代表一起对社区内的商户经营状况进行评比打分，大家结合每家门店的经营环境和卫生状况分别给出分数，各执法部门对社区内商户的规范化管理和守法情况也给出了相应的分数。最后将各项分数汇总评出当月的优秀商户，充分体现了居民们的自治管理意识。

8月25日，该社区召开了第一次社区文明商户表彰大会。评出了4家优秀商户，并授予流动红旗，发放物质奖励。会上获奖商户发表了获奖感言，决心继续把卫生、信誉、服务工作搞好。结合实际，各执法部门的代表就检查中存在的实际问题以及如何解决做了进一步的阐述。与会的领导对社区发生的变化给予了肯定。该社区的商户用行动展示出环境整治工作的成效。

进入9月份，社区商户的经营环境整体上有了显著改善。优秀商户月末评比的重点为社区内商户的自我管理、自我监督。这对强化商户的规范化意识起到督促作用。社区内居民的监督及商户的自我监督是对商户的商业道德、诚信度最全面最准确的考量。通过评优活动反映出的公众意见更具有公信力，用来完善执法部门的执法行为，使之更为人性化。

9月末，围绕居民对社区服务的需求，又评出了4家优秀商户。月末评优会上保洁队队长和与会商户就胡同内厨余垃圾的倾倒问题展开了讨论。之后大家对胡同内环境问题进行了讨论，提出了很多好办法。

**2. 对商户实行统一规范化管理**

9月8日，街道工商所的同志在社区内召开了一次有关胡同商户整改的大会。会上，工商所的同志对证照的悬挂、食品的台账提出了规范化管理的要求。对于销售假冒伪劣产品的行为进行了严厉的抨击。

**3. 积极倡导垃圾分类**

在社区重点胡同的门店推行上门收集厨余垃圾的活动，积极倡导垃圾分类，保洁队每天有专门的厨余垃圾车上门收集厨余垃圾。目前，社区内的垃圾箱已经全部换成新的垃圾桶，在一定程度上杜绝了废水满地流的状况，但是，还需要居民和商户的共同监督才能做好垃圾分类的工作。

在社区范围内积极推行垃圾分类工作，10 月 9 日，在“社区党组织和党员承诺制启动仪式”大会上，社区的基层党员们承诺并积极倡导“垃圾分类、垃圾减量从我做起”。社区党组织牵头组织基层党员、积极分子、居民代表在社区范围内积极配合做好垃圾分类的宣传和指导工作。

社区服务站利用橱窗、板报及发放关于垃圾分类的宣传图册等多种方式宣传垃圾分类的相关知识。针对社区商铺门店加强宣传指导，对有抵触情绪的商户多鼓励多引导。

## 二　社区工作者的心得体会

由于社区邻近火车站，流动人口较多，社区卫生监管与保持的难度都较大，社区工作人员反复投入到卫生打扫工作中，坚持不懈地把这个工作做下去。胡同垃圾清理、卫生整治要充分调动各方力量，需要工商、卫生监督部门积极监督和各商户的共同参与。

在卫生评比过程中，坚持公平公正，不搞轮流坐庄；实行流动锦旗，并设置奖品表彰卫生优秀商户。我们请卫生与工商部门进行监督，他们的专业意见使我们的卫生整治活动更加彻底、更具权威性，并能鼓励大家都参与到卫生争优活动中，同时也为防止部分人破罐子破摔、抵制卫生清理活动的行为提供了有利支持。我们为卫生评比出的优秀商户发放奖品，同时还在社区的公告栏将各商户卫生评比的分数予以公布，起到了良好的公众监督作用。当然，我们并不是要诋毁某个商户，只是要将卫生状况予以公开，引入监督机制，以好带次。后来总是拿低分的商户也明显改善了其卫生状况。

社区的工作是很劳心劳力的。你要听得进每一句话，还要采取行动。

比如说今天有人反映哪个角落卫生不好，你要去做，明天有人反映别处卫生不行，你还要去做，我们就是要坚持、持续地去做，才能见到效果。

## 三 案例点评

该社区的环境整治工作具有很强的代表性，环境卫生整治是很多社区面临的大问题。在环境卫生整治中，社区工作人员的工作有三个方面可圈可点：

第一，社区工作民主、公开、透明，培育了社区居民的民主自治意识。当前，在各项社会活动与社区工作中，居民的民主、自治意识越来越强，因此，社区在进行环境治理时就能积极引导居民民主自治。通过工作的公开、透明，来增强居民对社区的信任，使环境卫生整治工作顺利开展。

第二，建立奖励机制，充分调动起本社区居民及流动人口共同维护社区利益的积极性，发挥他们的主人翁精神。社区的分数排行榜和流动锦旗是很好的方法，有效激发了大家的参与热情。

第三，采用联合执法的方式，确保评比活动的权威性和有效性。三个月来，社区全体人员在街道城管分队、综合治理办公室、公共安全办公室及街道工商所、火车站派出所和区卫生监督管理中心的大力配合下，每天晚上坚持工作到8点以后，清理街边无照、卫生不合格的小摊贩，胡同环境卫生有很大改善。

## 四 理论拓展

社区中的社会工作是整个社会工作体系的重要组成部分，是社会工作理论、技能与方法在社区工作中的具体应用，也是社会工作者实施专业化社会服务、社会教化和社会矫治以及相关活动的载体。

应当说，在社会分工日益严密、社会分化日益复杂的现代社会，职业化和专业化的社会工作制度及其运行机制，对于实现社会和社区发展的既定目标，保障社会服务和社区工作的科学性、人性化和高效率，维护社会的稳定，具有不可替代的作用。

在今天的发达国家和地区，“有问题找社会工作者”、“有困难请社会工作者”也已成为政府、社区居民及弱势群体的普遍共识。

相比之下，我国由于至今尚未建立起职业化和专业化的社会工作制度，加之实践中的行政全能主义和经验主义，致使社区建设一直徘徊在粗放式运作阶段，难以有效地转移到内涵式发展的轨道上来。

可以说，引入社会工作制度，使社会工作机构和社会工作者成为社区参与的主体力量的组成部分，是我国今后社区建设和社区发展制度创新的应有之义。

概括来讲，社会工作在社区中的作用，主要体现在以下三个方面。

第一，社会工作引导和促进社区自治、社区维权和社会稳定。

现代社区的自治、维权活动和稳定工作需要社会中介力量的介入。掌握科学工作方法的社会工作者，作为政府与社区及居民之间关系的中介和桥梁，能成为社区工作的科学引导者和促进者。

第二，社会工作提供社区专业化社会服务。

从我国当前社区工作的理念和方法来看，科学性和专业性还有待提高，特别是在动员和发掘社区自身的资源、解决社区的问题、满足社区的需求方面还有很大的空间。

第三，社会工作助推社区社会组织的发育和发展。

社会工作者常常通过非政府性、非营利性的社会组织发挥作用。推动社区社会工作的发展，必然有助于推动社区社会组织的发育，也有助于在社区层面实现政社职能分开的新制度建设，促进社区的和谐发展。

## 五 资源链接

（1）吴群刚，孙志祥．中国式社区治理：基层社会服务管理创新的探索与实践．北京：中国社会出版社，2011.

（2）向春玲，等．加强和创新社会管理 18 个经典案例．北京：中共中央党校出版社，2011.

（3）徐永祥．社会工作：社区参与的重要主体．http：//www.sowosky.com/forum.php？mod=viewthread&tid=5870.

## 六 案例涉及的行政资源

街道城管分队、综治办、公共安全办、地区工商所、派出所、区卫生监督管理中心等。

# 案例十四 火灾救援及善后处理

## 一 案例简介

### (一) 事件描述

2009 年 3 月 13 日，一场大火突然来袭，打破了某胡同一号院的宁静。当晚 8 点，社区某胡同一号院因电线短路引发了火灾。院内正在进行危房改造，大火很快将一间自建房引燃，并引燃了旁边的树木，火势很大。院内的居民很快拨打了 119，消防官兵及时赶到进行救火，然而因胡同太窄，消防车进不去，只能通过水枪进行扑救。

与此同时，社区居委会主任等工作人员火速赶到了现场，参与救火工作。大火扑灭后，居委会主任了解到，院内受灾居民共有 7 户，直接损失数万元。还有两家人户分离人员受到火灾殃及。看着烧毁的房子、烧焦的被褥、烧坏的家电，受灾居民悲痛不已，邻里也人人自危。

### (二) 社会工作介入

社区工作人员赶到后迅速分析了现场状况，发现了以下问题：第一，现场存在烧得变形的液化气罐，具有潜在的火灾隐患；第二，受灾居民情绪不稳定，亟待安抚；第三，受灾居民的经济损失如何补偿，是需要尽快确定的一个重要问题。

社区工作人员认为消除火灾隐患是当务之急，于是积极配合消防部门将烧得变形的液化气罐搬离着火点，另外又为受灾居民的一些物品暂时找了存放地点。之后，居委会针对社区受灾居民情绪不稳定、社区火灾隐患多等问题开展了多项针对性活动。

首先，居委会对受灾居民进行安抚，帮助他们清理家中受损电器，统计因火灾造成的损失。与此同时，为受灾居民联系旅馆资源，解决受灾居民当晚睡觉的住所问题，还积极配合消防部门进行现场记录和受灾居民的笔录工作。

其次，为了让更多的居民深刻认识到火灾对家庭的危害，让社区居民引以为戒，让火灾事故警钟长鸣，居委会组织居民进行火灾现场警示教育。

最后，居委会为了减轻受灾居民的负担，体现社区大家庭的温暖，向全社区党员、居民和辖区单位发出“一方有难八方支援”的号召，开展了为受灾居民送爱心活动。社区为一号院受灾居民筹得捐款近七千元，并将善款购买成生活必需用品发放给受灾居民。

另外，居委会还积极与房管所沟通，及时进行居民房屋修缮，保证居民尽快入住，维护社区的安全稳定。

这次灾后的援助和善后工作在街道办事处和各方面的支持帮助下，不到两个月的时间就得到了圆满解决。

## 二 社区工作者的心得体会

火灾原因在于居民私拉电线，点燃了自建房，使得多所居民房屋受到波及。大火扑灭后，有三户人家损失较大。三月份的北京非常冷，一定要妥善安置好受灾的居民。我们先联系受灾户的亲属，这样安置了一户，另外两户我们居委会与房管所进行了商讨，把他们安排在旅馆。后来我们组织社区对受灾户进行捐款献爱心活动，这对受灾户是一种关怀。

我们总共花了20多天时间做这个工作，大家急受灾居民之所急，从他们的处境出发，给予他们同情和帮助，设身处地地为受灾居民着想。虽说平日里邻里可能有些意见不一，但是在灾难面前，还是体现了相互间的关爱，居民都来献爱心，表现出了一人有难大家帮的助人精神，增强了社区的凝聚力。

## 三 案例点评

社区火灾是对社区安全的重大挑战。社区中私搭乱建问题普遍存在，如何规范治理是摆在社区管理者面前的一道难题。在该社区的火灾事故处理中，居委会的处理办法值得借鉴：

第一，较好地处理了突发事件的关键因素——衣食住问题，即在遇到困难的时候，要将受难人群的基本需求放在第一位，及时满足他们的基本需求。同时要积极与受难群体沟通，保证信息畅通，做好安置、受灾统计以及筛查安置人群等工作。

第二，设身处地为居民着想，发起捐赠活动。在火灾发生后，受灾居民最需要的就是关怀。而因为邻里纠纷等问题，多少可能有冷眼旁观者。作为社区管理者，要想方设法排除这些不利因素的影响，加强社区邻里的凝聚力。在几家受灾的情况下，社区组织捐赠活动，不仅缓解了受灾居民的困难，发扬了中华民族的传统美德，也为社区的道德建设起到了很好的促进作用。这项活动一举两得。

## 四 理论拓展

社会支持理论最早可追溯到19世纪，当时法国社会学家涂尔干的研究认为社会支持的紧密程度与自杀有关。社会支持的概念是于20世纪50年代在精神病学的研究中被提出的，并在20世纪七八十年代引起广泛的关注。该理论认为社会风险存在于任何一种社会形态中，从而给人带来危机。社会支持则通过不同的方式，从家庭、社区、制度等多层面提供正式或非正式的帮助和支持，从而帮助个体或特定群体摆脱危机，产生积极影响。依据不同的分类方法，社会支持可以分为：

（1）客观支持、主观体验到的支持和对支持的利用度。客观支持也称实际社会支持，包括物质上的直接援助和社会网络、团体关系的直接存在和参与，是客观存在的现实。这是人们赖以满足他们社会、生理和心理需求的重要资源。主观体验到的支持也称领悟社会支持，即个体所体验到的情感上的支持，也就是个体在社会中因受尊重、被支持、被理解而产生的情感体验和满意程度，与个体的主观感受密切相关。对支持的利用度是个体对社会支持的利用情况。有些人虽然可以获得支持，却拒绝别人的帮助。然而，人与人之间的支持是相互的，支持别人的同时也为向别人提供帮助打下了基础。

（2）家庭支持、朋友支持、其他支持。这是从社会支持来源角度进行的分类，强调个体对来自各种社会支持来源的理解和领悟。

（3）认知支持、情感支持、行为支持。这是以社会支持维度为出发点的分类。认知支持指提供各种信息、意见与知识等；情感支持指安慰、倾听、理解及交流等；行为支持指实际的帮助行动。

不同的分类反映了研究者们对社会支持的本质的不同理解。当然，不同类别中许多内容是相互交叉的。近年来，国内学者对社会支持的研究逐渐深入，提出社会支持是个人通过社会联系所获得的能减轻心理应激、缓解紧张状态、提高社会适应能力的影响。其中社会联系指来自家庭成员、亲友、同事、团体、组织和社区的精神上和物质上的支持和帮助。

因为一场意外的火灾导致居民房屋被毁，无家可归，居民受到非常大的精神打击。在面对这样的意外生活事件时，社区工作人员积极安抚受灾居民并及时发动社区捐助，同时与房管所协调尽快修缮被毁房屋。正是在大家的共同帮助与支持下，受灾居民才能顺利走出困境，过上平稳安心的生活。这一案例可以看到社会支持在应对灾害事件中的作用。

社会支持网络是提供社会支持来源的，社会支持网络理论有一些基本的假设、定义和功能，在此做简单的介绍以便大家更好地理解和运用该理论。

**1. 基本假设**

（1）人类生存需要与他人共同合作，以及仰赖他人协助。

（2）人类在生命发展历程中都会遭遇一些可预期和不可预期的生活事件。

（3）遭遇生活事件时，需要资源以应对问题。资源分为内在与外在两种。

（4）社会支持网络为外在资源之一，可分为有形与无形两类。

**2. 社会支持网络的定义**

（1）一组由个人接触所构成的关系网，通过这些关系网个人得以维持其认同，并获得情绪支持、物质援助、服务、资讯、新的社会接触等。

（2）由各种有形的和无形的支持构建起来的支持体系就是社会支持网络。

**3. 社会支持网络理论的具体应用**

社会工作需要对服务对象的社会支持网络在个人和社区不同的层面进行评估，从而拟定工作计划。正是从这个角度看，社会工作的任务是一方面帮助服务对象动员网络中的资源解决基本问题，另一方面帮助服务对象弥补和拓展其社会支持网络，使他们提升掌握建立和运用社会支持网络的能力，从而达到助人自助的目的。

## 五　资源链接

（1）胡光伟．党政干部应急管理．北京：国家行政学院出版社，2011.

（2）社会支持网络理论．http：//wenku. baidu. com/view/07b088bc960590c69ec3769b. html.

## 六　案例涉及的行政资源

街道公共安全办、城市综合管理办公室、消防部门、房管所等。

# 案例十五 危重病人抢救

## 一 案例简介

**（一）事件描述**

2010年12月21日下午4点20分左右，社区居民老王的女儿打电话到社区居委会，说她邻居（一位不知姓名的老太太）突然晕倒在她家门口，已经拨打了120急救中心的电话，120的人员已经到达了现场，要求病人的家属或者居委会人员必须跟车去医院。社区管片主任在接到这一紧急消息后，马上赶到该户居民家中了解情况。此时120人员已经把病人抬到了楼下救护车里，120人员再次强调要求病人家属或居委会人员马上跟车去医院。

**（二）社会工作介入**

经该主任辨认，此病人是居民刘老太太，于是主任马上去她家找她的家人，但她家中没有人，而且大门上锁，后来找到她的家门钥匙，在邻居在场的情况下进入她家，找到了她家人的联系方式，及时通知了她家人。主任又马上上了急救车，120人员要求跟车人员选择医院给病人进行救治。考虑到当时正值下班高峰，路上堵车严重，出于对病人及时抢救的目的，主任选择了最近的协和医院（在救护车上急救人员要求决定人签字）。

到了医院后，医院方面说必须先交钱才能给病人救治，但由于出来匆忙，大家都没有带大量的现金。大家非常着急，怕因为没钱耽误了病人的救治。经多方努力，主任出面担保向医院借了一千元，暂时解决了病人用药和检查费用的问题，病人得到了最及时的救治。

最后等病人家属到来，主任交代好了一切事宜后才离开。病人家属很感激，之后多次前往社区，感谢主任的救命之恩。

## 二 社区工作者的心得体会

其实当时也没有多想，作为管片的主任，我知道老人是管片内的居民，在当时的情况下，老人确实很危险，如果不赶快抢救恐怕就会出问题。急救车已经到了，家属不在，医生问我去哪个医院，我觉得要快点到医院，所以当即决定送往离社区最近的协和医院。到协和医院后，我马上在医院帮助办理急救手续，由于带的钱不够，与医院沟通，希望赶快抢救，医院在与我们商量沟通后进行了紧急抢救。

其实事后想来，对家属不在场的病人做出医疗救助的决定还是很艰难的。我当时处于紧急情况，就没有想那么多，光考虑协和医院比较近，就选择了协和医院，当时没有想这样做会不会有责任问题。

现在社区里独居的老人比较多，老人难免会遇到这种情况，所以还是要抱着急人之所急的心态帮助老年人做好救护工作，让老人们在社区安度晚年。与此同时，我也希望法律能够对社区工作人员的应急救护给予支持。

## 三 案例点评

在这个案例中，讲述了管片主任对社区居民的紧急救助，让人对社区更加信任了。与此同时，从这个案例中也发现了一个很重要的问题，那就是居委会有没有责任或权利帮助无家属在场的病人做决定选择医院进行救治？

该案例中反映的情况是社区工作者经常遇到的伦理困境以及法律困境。有些时候，社区工作者需要尊重服务对象的自我决策，不能将自己的意愿强加于人。有些时候，社区工作者的选择导致的结果可能给自己带来不利的法律后果。那么，社区工作者应该如何行动以避免不利的后果呢？专业的社会工作者要求遵照“生命第一”的原则。在这个案例中，该主任在不推脱责任和遵照程序的前提下，为患者着想，比如担心去远处的医院会发生堵车情况，所以选择较近的医院。这种替患者着想的理性态度想必能得到患者家属的谅解和赢得自己的心安。作为社区工作者，在处理类似工作事务但没有法律法规可以参照执行时，最基本的做法是采取在此情况下同行通常会采取的措施，应对合情合理，行动尽心尽力。社区工作者要遵照社会工作者的专业伦理和法律规范，做出不违反善良风俗的选择，而不能畏首畏尾、裹足不前，更不能不作为而给服务对象带来损害。

另外，需要指出的是，社区工作者在平时的工作中要多关注社区高风险居民的基本情况，如老人等高危人群的联络人、联络方式，同时尽可能地获取适当的授权，便于处理突发事件。同时，推动制定相关的政策规定也是社区工作者应该努力的方向。

## 四 理论拓展

这一案例涉及了社会工作伦理问题。社会工作的专业伦理，是指作为社会工作者在一定的专业情境中与他人交往时所应当遵循的准则。因此，社会工作伦理就是社会工作者在工作中自身应具有的价值观，以及在处理与服务对象、同事、服务机构及社会之间的关系过程中应遵守的行为守则。

从本案例中我们可以看出社区工作人员面对的伦理困境是，是否有责任或权利帮助无家属在场的病人做决定选择医院进行救治。我们知道，生命权是指人身不受伤害和杀害的权利或得到保护以免遭伤害和杀害的权利，取得维持生命和最低限度的健康保护的物质的权利。因此，生命权是人最基本的权利，任何权利都不能危及生命和健康。

在社会工作专业中，保护生命是第一原则。当社会工作者要处理的问题涉及的伦理原则出现矛盾和冲突时，应当首先保护服务对象的生命及健康，服务对象的生命权处于绝对的优先地位，任何其他社会工作伦理原则都应让位于保护服务对象生命这一原则。因此，作为社会工作者应当牢记保护生命为第一原则，时刻警醒自己生命权是人最基本的权利，任何权利都不能危及生命、健康。

在本案例中社区工作人员面对是否对老人进行救助的困境时，出于对老人生命健康的保护，毅然承担起救助老人的责任，做到了对生命的尊重，严格遵守了社会工作的伦理原则，最终保护了老人的生命健康，赢得了老人家人及社区居民的尊重与信任，真正发挥了社会工作者帮助服务对象解决问题、克服困难的作用，为其他社会工作同仁做出了表率。

作为社区工作人员，一是要时刻牢记社会工作者以人为本的宗旨，培养自己崇高的人道主义精神和高度的专业责任感，以强烈的爱心和责任感去面对服务对象，了解服务对象所面临的各种问题，尽最大能力帮助服务对象克服困难。二是在对待本职工作时，要遵循自己的专业价值理念，灵活运用专业知识，在适当的服务范围内发挥专业技能以满足服务对象的需要，努力维护和发扬社会工作专业的价值及尊严。

另外，这一案例还涉及了伦理的相对主义和绝对主义。

道德既具有适用于一定社会的特殊性、相对性，因而存在特殊的、相对的道德，又具有适用于一切社会的普遍性、绝对性，因而存在共同的、绝对的道德。

伦理的相对主义只看到道德的特殊性和相对性，而抹杀道德的普遍性和绝对性，因而错误地认为不存在适用于一切社会的共同的和绝对的道德，不存在普遍正确和绝对正确的道德。

反之，伦理的绝对主义或道德的绝对主义则夸大道德适用于一切社会的普遍性和绝对性，进而否认相对的、特殊的道德为真正的道德，以致片面地认为真正的、优良的道德必定是普遍的和绝对的。社会工作者要反思自己在处理涉及伦理问题时背后的理论取向，避免伦理的相对主义和绝对主义可能会犯的错误，以便为服务对象谋求最佳利益。

## 五 资源链接

(1) [美] 拉尔夫·多戈夫．社会工作伦理：实务工作指南．北京：中国人民大学出版社，2005.

（2）论伦理相对主义与伦理绝对主义 . http：//www.docin.com/p-190067986.html.

## 六 案例涉及的行政资源

街道民政科、司法所等。

# 案例十六　出租户渗漏纠纷

## 一　案例简介

### （一）事件描述

张先生和李先生是同一栋公寓内的住户，李先生住在张先生家楼上，但两家一直没有什么来往。后来李先生由于生意原因，搬到了本市其他社区，并联系了某中介公司，将房屋出租给了白先生。

一天，张先生和张太太下班回家后发现，大量的水顺着自家墙壁从楼上流下，将摆放在墙边的沙发、橱柜等家具浸泡。张先生找到楼上的白先生询问原因，了解到是因为白先生操作不当导致壁炉漏水，加上浴室防水设施老化，壁炉漏出的水沿着墙壁向下渗漏，使张先生家的家具被浸泡。张先生情绪非常激动，跟白先生交涉，但考虑到两人是邻居，张先生并没有提出赔偿请求，只要求白先生做好防水措施，白先生保证妥善使用壁炉，不会再发生漏水现象。

但是几天之后，张先生发现楼上又有水沿墙壁漏下，而且是之前的同一位置，刚刚整理好的家具又被水浸泡。张先生感到很生气，于是再次找到白先生交涉，但是没有什么效果。后来这种事情又发生了多次，甚至在除夕晚上也有水从楼上流下，导致张先生大年初一不得不在家收拾屋子。漏水现象已经严重影响了张先生的正常生活。张先生每次都要花很大工夫收拾家中被淹的家具，而且家中的沙发、橱柜因为多次浸泡已经开始腐烂，期间张先生还多次请假，造成了一定程度的经济损失。张先生在与白先生多次交涉无效的情况下，忍无可忍，在当年三月份找到社区居委会要求社区工作人员出面进行调解。

## （二）社会工作介入

社区工作人员小王在接到张先生的诉求之后，主动上门查看房屋漏水情况，并与张先生进行交流，了解他对漏水问题的处理意见，并以此确定了本案涉及的各利益相关方，完成了接案工作。本案利益相关方见图16—1：

| 利益相关方 | 张先生 | 李先生 | 白先生 | 中介公司 |
|---|---|---|---|---|
| 本案角色 | 案主 | 责任人 | 直接责任人 | 责任人 |

**图16—1 服务对象与利益相关方**

接下来小王对本案进行了预估，认为本案中应当解决三个问题：一是要解决漏水现象的再次发生；二是要对张先生遭受的损失进行赔偿；三是要明确各责任方之间责任的分配问题。同时小王还总结出了本案介入工作中的几个难点：

（1）本案涉及的利益相关方较多，容易发生各方相互推脱责任的问题。

（2）白先生为社区流动人员，随时可能离开社区，管理难度较大。

（3）物业公司不作为，社区资源利用受到限制。

基于以上几点，小王认为本案应当及时采取措施进行处理，并且应当将调解过程的进展及时向服务对象张先生反馈，稳定他的情绪，防止事态的进一步扩大。在介入时应该采取集中调解的方式，把各利益相关方约到居委会，让大家展开交流，明确各方责任，共同探讨问题的解决方式，避免相关方推脱责任。

之后小王正式介入干预。小王先找到白先生，向他说明漏水事件的情况，希望他能够进行相关善后工作，然后小王又找到李先生和中介公司，向他们说明情况，了解他们对问题处理的想法，并希望他们来到居委会集中开展调解。经过多次邀请，各利益相关方终于答应到居委会进行集中调解。

调解开始阶段，各方均陷入沉默，调解工作陷入了僵局。小王想方设法缓和气氛，从社区最近开展的活动、社区邻里趣事等无关话题聊起，逐渐缓和了大家的对立情绪。李先生最先讲话，他认为自己并不是漏水事件的责任人，漏水问题与自己无关，不应进行赔偿；后来中介公司代表也表态，认为壁炉本身没有问题，是因为白先生操作不当导致漏水，赔偿事宜应当由白先生承担；而白先生则认为，浴室防水系统老化是导致漏水的主要原因，房主李先生和中介公司没有尽到维护义务，应承担主要责任。小王及时对各利益相关方展开情绪疏导，通过更多强调邻里关系、个人素质和社会信誉，让他们认识到自己在该事件中的责任，并勇于承担起自己的责任。通过小王的努力，最终各方协商达成一致：由白先生负责赔偿事件中的经济损失，并保证在防水系统得到修缮之前不使用壁炉，防止再次漏水；中介公司负责对浴室防水系统进行修缮；而李先生作为房主提供一部分维修经费。这样一来，本案所涉及的三个问题全部得到了妥善的解决。

几天之后，小王对张先生进行回访时了解到，中介公司在调解之后并没有按照协议对浴室进行维修，楼上时常还有水流下。小王再次找到中介公司进行协调，希望他们能够履行承诺，但是中介公司采取逃避的态度，始终不对浴室进行维修。张先生对此感到非常愤怒，表示将通过司法途径起诉中介公司，维护自己的合法权益。小王帮张先生联系了街道调解室的律师，寻求相关法律支持。在律师的建议下，张先生向区房管局申诉。最终，中介公司在房管局的压力下，表示同意履行承诺，对房屋进行修葺。

张先生对小王的工作和问题的处理结果表示满意，经过与张先生的协商，小王决定对本案予以结案。

## 二　社区工作者的心得体会

在对此案介入的过程中，我感到此案涉及的利益相关方较多，介入难度大，工作较为复杂，但是也感到有许多方法和经验值得在以后的工作中加以借鉴。

开展社区工作首要的一点是要树立正确的工作态度。一方面在平时的居民工作中应当热情、和善，注意与居民保持友好的关系，获取居民的信任和支持；另一方面，在个案介入的过程中，要明白调解工作并非一劳永逸，要做好长期工作的思想准备，一心一意为居民解决困难。考虑到居委会作为居民自治组织，没有独立执法权的特殊性，在开展工作中要时刻注意方式方法。在本案的介入中，我考虑到利益相关方较多，因此开展集中调解的方式，对相关方进行调解，有效地避免了各方推脱责任和因为间接沟通可能带来的误解。在开展工作的过程中，要积极利用各种社区资源对服务对象进行帮扶，例如街道调解室律师、地区房管部门等。在工作中，要保持头脑清醒，言语得体，为调解双方创造良好的氛围，缓解调解方之间的矛盾。另外，还要体会到相关专业知识和技能对于社区工作的重要性，在日常工作生活中应注意学习心理学、社会工作方法以及法律法规等相关专业知识和技能，将日常工作经验与专业知识、技能相结合，更好地为社区居民服务。

## 三 案例点评

在本案的介入过程中，小王针对服务对象的需求开展调解和协调工作，取得了预期的效果，有几点值得社会工作者在今后的工作中借鉴：

（1）综合各方利益，进行集中调解，确定各方的责任和权益。

（2）根据实际情况制定合理的工作目标，开展工作时做到有的放矢。

（3）利用相关社会支持系统，帮助处理个案。

（4）工作步骤比较完善，及时有效地对服务对象进行回访，发现和解决调解工作中的遗留问题。

小王在这个案例中所做的工作也存在不足之处，有三点建议可以改进工作：

第一，在调解工作结束之后，小王可以帮助张先生和白先生构建友好的邻里关系，这是消除矛盾的长效机制。而且从本案例中可以了解到这一社区的邻里关系并不融洽，小王可以设计一些增进社区居民相互了解的日常性活动，构建和谐的社区环境，这样也可预防类似情况的发生。

第二，在调解协议中，加入服务对象对责任方的监督和催促机制，防止责任方出现案例中推脱责任的问题。

第三，在问题解决后给所有相关方正式的反馈，感谢他们的支持，提醒他们预防类似问题。

## 四　理论拓展

在这个案例中，社会工作者主要运用了任务中心模式和问题解决模式。

### （一）任务中心模式

任务中心模式最早是由雷德和爱泼斯坦在《任务中心个案社会工作》一书中提出的，它希望在有限的服务时间内，达成服务对象自己选择的、明确的及有限的目标，从而提高个案社会工作的效果与效率。这一模式强调短期、高效的服务理念，对于问题的解决采取较快见效的调适方法。任务中心模式有三个基本假设与概念：

**1. 人性观**

任务中心模式相信服务对象有解决其问题的能力与潜能，因此更加强调发挥服务对象本身的能动性。服务对象对界定问题和处理问题具有最终的决定权，可以决定是否处理和如何处理。

**2. 有限的目标**

所确立的目标是具体的、有限的、外在的，是服务对象面临的问题，而不是服务对象的个人成长。这使得目标更具达成的可能性，有助于服务对象自我功能的提升。

**3. 问题的原因**

根据发展理论，人的生活和成长是一个不断解决问题的过程，当问题无法得到有效解决时，人就会陷入困境。个案工作的任务就是帮助服务对象界定问题，并鼓励和引导服务对象解决问题，从而帮助服务对象走出困境。因此，通常将帮助服务对象解决面临的问题作为工作的目标，而将这一过程中所需要的措施作为工作的任务。

在本案例中，社会工作者针对服务对象面临的问题制定了三个工作目标：制止漏水现象、明确各方责任和争取经济赔偿。社会工作者以这些目标为中心开展一系列服务工作，如帮助服务对象联系责任方、引导服务对象与责任方进行协商、催促责任方履行协议义务等，使服务对象的问题在较短时间内得到了有效的解决，体现了个案社会工作的高效性。由此可见，这一模式比较适合我国的社区工作，可以在今后多加运用。

**（二）问题解决模式**

个案社会工作中的问题解决模式最初起源于美国社会工作学者海伦·哈瑞斯·帕尔曼，她利用社会学和社会心理学理论中的角色理论有效地帮助服务对象解决问题。问题解决模式借鉴了自我心理学家艾利克斯的很多理论方法，因而具有一些认知心理学的特点，如注重自我心理理论、强调自我心理调适等，它强调个人在自己不断发展和问题解决过程中所扮演角色的重要性。

个案工作中的问题解决模式的主要观点是个案工作者深信个人具有自我解决问题的潜在能力和动力，个人能力的发展和个人的改变有助于个人问题的解决。人的一生是一个持续不断解决问题的过程，而当一个人缺乏解决问题的资源、个人期望和个人动机时，个人的信息就会出现堵塞或困扰，他的生活就会陷入困境。问题解决模式的主要方法有三点：

（1）帮助服务对象减少各种忧虑，排除害怕、恐慌的心理，限制自我防范，以及释放解决自己问题或缓解自己问题的能量。

（2）帮助服务对象培养自我理解能力、自我感觉意识、自我认知意识和自我选择意识，以及涉及具体问题解决方法的意识。

（3）帮助服务对象在自己的社会网络中寻找能够提供帮助的重要途径和资源。

在这个案例中，服务对象张先生面临的问题是楼上住户白先生多次漏水给自己生活带来的困扰，张先生自己找白先生交涉不能有效地解决这一问题。社会工作者小王则针对服务对象面临的问题，应用问题解决模式为张先生提供服务：先到张先生家中查看情况并对张先生进行安抚，缓解了张先生对白先生等责任方的敌对态度，为之后的调解和协商做好准备；在访谈之前详细询问了张先生对于此事的处理意见，尊重服务对象的自我决策权；帮助张先生了解社区中可用的资源，如地区房管部门、街道调解室律师等，鼓励张先生利用社区资源实现自助，这也体现了社会工作助人自助的原则。

## 五 资源链接

（1）[英] 马尔科姆·派恩．现代社会工作理论．北京：中国人民大学出版社，2008.

（2）龙迪．发展或问题解决模式——一种实用的助人模式．青年研究，1999（2）．

（3）美国任务中心支持者．http：//www. task-centeren. com/.

（4）青翼网．http：//www. sowosky. com/forum. php.

## 六 案例涉及的行政资源

街道司法所、地区房管部门等。

# 案例十七　商户争执伤人

## 一　案例简介

**（一）事件描述**

小王是外地来京务工人员，在社区便民修车服务点修车，为人老实和善，平时积极参加社区治安、助人等志愿服务活动，受到社区居民的喜爱，曾被社区评为“外来流动人口之星”。后来，在小王的修车点旁边搬来了一家卖建筑材料的商户小马。可能是因为长期经商的缘故，小马个性好强，喜欢竞争，自从搬来之后就经常与小王产生冲突，想将小王从修车点赶走。

一天，小马在自家与小王修车点之间的空地上堆起了闲置的建材，并将其中一部分建材放在较高的位置，随时可能掉下伤人，不仅占用了公共用地，而且造成了很大的安全隐患。小王发现之后，要求小马收回堆放的建筑材料，小马则认为自己并没有占用小王的空间，拒绝将摆放的建材收回。小王为人朴实，但是很有原则性，坚持让小马对建材进行处理，矛盾因此激化，两人发生了争吵。在争吵过程中，两人发生了肢体上的冲突，小马身体强壮，将小王打伤。路过的社区老党员发现这一情况，连忙找到社区居委会，请社区工作者出面干预。

**（二）社会工作介入**

居委会接到老党员报告后，由社区书记带领相关调解人员迅速赶往冲突发生地点。当书记等人赶到现场时，发现小王头部被打破，脸上有血，坐在地上，在小王旁边放着的一根木棍，已经断为三截。小马虽然已经不再动手打人，但仍在对小王进行谩骂。

书记带领社区工作者紧急介入，首先制止小马的辱骂行为，控制矛盾的进一步恶化。鉴于事件的严重性，社区工作者打电话通知派出所，请社区管片民警将小马控制住，防止小马在伤人之后逃逸。然后书记又拨打了120急救电话，请医院将小王接走治疗，防止小王受伤后伤口感染。通过以上措施，社区工作者成功控制了事态，完成了紧急介入工作。

社区工作者返回居委会后，召开工作会议，对此案进行预估。通过讨论，大家认为本案应当处理好三个方面的问题：一要及时控制冲突事件的影响，防止此事件引起更大的社区矛盾；二要做好冲突事件的善后工作，对伤者小王进行慰问安抚，对小马进行必要的批评教育，并劝说他向小王道歉、赔偿；三要注意缓解小马和小王之间的矛盾，同时在社区内开展建设和谐邻里关系的活动，预防类似冲突的再次发生。同时书记还指出本案有两个难点，在工作中应当加以注意：一是冲突事件影响恶劣，控制不当容易引发社区连锁反应，可能会引起群体性冲突或群众上访；二是冲突过程中小马致小王受伤，涉及法律问题，超出社区调解能力范围。因此社区工作者在开展工作过程中，一方面应当注意工作的透明化，及时向服务对象和社区居民反馈调解工作的进展，另一方面要向街道主管部门以及公安、城管等部门寻求帮助，通过综合治理的方式，使冲突事件在社区内部得到调解。

之后社区工作者开展正式的介入工作。他们赶往派出所和城管支队，听取他们对于此案的看法和处理意见；然后又向街道调解室律师请教相关法律知识，听取他对此案处理的建议。在了解相关政策法规之后，居委会派社区工作者找到小马，告诉他社区对于此案件的处理态度，让他认识到打人的严重性。同时派社区工作者赶到医院，对小王进行安抚、慰问，向他传达社区对他的关心，并询问他对本案的看法以及希望得到的处理结果。

社区工作者在调解过程中，发现社区居民对此案比较关注，对冲突事件感到愤慨，于是认为，可以对居民的情绪进行合理疏导，对小马进行劝导和帮扶。社区工作者发动社区群众，对小马进行劝导教育，强调和谐邻里关系的重要性，让他认识到社区居民对此事件的看法。迫于社区居民的舆论压力，小马找到社区工作者，表示自己非常后悔打伤小王，愿意向小王道歉和进行赔偿，只是自己对小王感到非常羞愧，不知道怎样向他表达自己的歉意，希望能得到社区工作者的帮助。社区工作者见小马已经有悔改之意，感到非常欣慰，认为初步工作目标已经达到，接下来要在小马和小王之间建立良好的邻里关系。社区工作者邀请居民选出代表，在居民代表的陪同下，小马带着礼品前往医院看望小王。开始两人感到比较拘束，不知道怎么开始交流，社区工作者引出调解的话题，打破两人之间的僵局。最终，在社区居民代表的见证下，小马向小王道歉，并表示愿意承担小王住院的费用，对小王进行合理的赔偿，获得了小王的谅解。同时小马还保证，不再乱堆放建材，并将摆放在两家之间空地上的建材清除。

小王和小马之间的矛盾得到了化解，两人对社区工作者的调解工作均表示满意，社区居民也纷纷表示，社区工作者对此案的处理比较合理，不仅消除了二人之间的纠纷，而且在整个社区起到了教育引导作用。社区工作人员认为调解工作达到了预期的目标，与服务对象进行协商之后，决定对本案进行结案。

## 二 社区工作者的心得体会

在处理此类事件的方法上，我们认为应当注意干预的及时性，要充分考虑到事件的影响，对此事件第一时间介入干预，防止消极影响的扩散。在干预过程中，应当考虑居委会作为居民自治组织不具备行政权力这一特点，要充分利用社区相关资源和相关社会支持系统，发挥各职能部门的联动作用，对问题开展综合治理。在此案中，我们积极寻求公安、城管等部门的帮助，达到了良好的介入效果。社区工作者在日常工作中要注意观察和分析潜在的不稳定因素，对可能发生的社区冲突要提前做好思想准备，才能在事件发生之后及时有效地开展介入工作。另外，社区工作者要注意营造正确的价值观念及和谐的社区氛围，对社区居民进行引导，发动居民自治，从源头上杜绝社区恶性冲突事件的发生。

## 三 案例点评

本案例中，社区工作者的工作有以下成功之处：

(1) 在冲突发生之后，能够及时介入，制止打人行为，协助社区民警控制打人者，并将伤者及时送往医院，有效地防止了事态的恶化。

(2) 将社区资源引入到调解工作中，邀请派出所、城管等相关单位出面进行干预，保证调解工作的顺利进行。

(3) 能够对居民情绪进行合理引导，发动社区群众对冲突事件进行关注，对打人者进行批评教育的同时，也对社区居民起到了教育作用。

(4) 在开展工作时，能够及时向服务对象反馈相关信息，获得服务对象的理解和支持。

## 四 理论拓展

危机理论源于20世纪40年代林德曼和卡普兰的著作，后在20世纪70年代被帕瑞德发展为社会工作干预模式，这是最早认识到环境中的压力对失能行为有重要影响的理论之一。卡普兰对危机的定义是：它打乱了服务对象原有的稳定状态，并使得重要的生活目标和需求无法满足，个人或家庭无法以平常使用的解决方法来克服它。后来，帕瑞德将危机引入社会工作专业内，认为危机是一个人的正常生活受到意外危险的破坏而产生的身心混乱状态，而社会工作者的主要工作就是针对服务对象的危机状态开展的调适和治疗，他在此基础上创立了危机干预模式。危机通常分为四类：过渡性或发展性危机、情景性危机、环境危机、混合危机。

社会工作者所要做的工作就是帮助人们应对危机，摆脱困境。根据社会工作学者罗伯茨的观点，危机干预模式应当包括五个部分，现结合本案例加以说明：

(1) 建立新的应对机制，成为服务对象技能库的组成部分。社会工作者对小王进行安抚，并向他反馈事件处理的情况，间接地教会了小王对于此类问题的处理方式，即利用社区相关资源维护自己的合法权益。

(2) 完成对问题的感觉和体验，这样才能进行长期改变。社会工作者就冲突事件对小马进行批评教育，让他认识到打人的错误和严重性，在以后类似问题的处理过程中，相信小马不会再采用打人等极端手段。

（3）动员资源，以获得支持。在本案中，社会工作者向社区民警、城管人员等寻求帮助，并对社区居民的舆论进行引导，有效地调动了社区可用资源。

（4）减少持续性的、令人不愉快的影响和情绪。社会工作者在处理完冲突事件之后，还试图改善小王和小马之间的邻里关系，使两人的矛盾从根本上得到了缓解，减少了持续性的敌对情绪。

（5）思考事件及其后果，把它们结合进服务对象的个人生活中。社会工作者引导社区居民对冲突事件进行讨论，对包括小马和小王在内的社区居民起到了一定的教育作用，减少了社区生活中冲突事件的发生。

## 五 资源链接

（1）沈远平，周云帆．应急管理案例选编．广州：暨南大学出版社，2011.

（2）周文光，李尧运．应急管理案例分析．北京：北京大学出版社，2013.

（3）［英］Malcolm Payne. 现代社会工作理论．上海：华东理工大学出版社，2005.

## 六 案例涉及的行政资源

派出所、街道城管分队、司法所、社区服务中心等。

# 案例十八 独居老人养老

## 一 案例简介

### （一）事件描述

陈老是一位70多岁的老太太，十几年前老伴去世后就一直独自住在某社区一栋居民楼里。老人有一个养子小王，他对老人非常孝顺，虽然在其他社区居住，但经常回家看望老人。老人受过良好的教育，是同龄人当中为数不多的中专生，年轻时非常积极参加社区活动，是社区里面的积极分子，20世纪90年代还曾担任过社区居委会主任。老人通过自己的工作，赢得了社区居民的支持和爱戴。随着年纪的增长，老人患上了一系列的老年疾病，逐渐不再参加社区活动，但是一直与社区居民保持友好的关系。

但是在最近两年内，老人出现了一些心理方面的问题，性格变得孤僻、多疑，经常做出一些让人无法理解的事情。例如，小王帮老人订了牛奶，每天都会有送奶工人将牛奶放在楼下小箱子里，但老人总不去拿牛奶，而几天之后拿着过期的牛奶找到送奶公司要求赔偿，这种事情发生了多次，送奶公司一度拒绝接收小王的订单。还有一次，社区便民服务的工作人员上门为老人送过冬用的煤球，老人一开始非常热情地接待他们，但在他们帮老人放好煤球之后，老人借口煤球质量不好，拒绝付钱，与送煤工人发生冲突。这种事情还有很多，比如买完东西之后拿回去退钱、无端地对社区上门维修工人进行辱骂等。而且，老人还经常半夜敲邻居家的门或者到邻居家坐到深夜才走，给周围居民的生活造成了很大的困扰。有一次老人因为操作不当导致家中煤气泄漏，险些酿成安全事故。社区居民对老人的态度，由过去的关心、爱护逐渐变成厌恶、惧怕，认为老人现在独居的状况对于她自己和社区居民都是潜在的威胁。社区居民找到居委会，希望社区工作者出面帮助老人走出独居困境。

**（二）社会工作介入**

社区管片主任得知老人面临的困境，对老人所处的环境进行分析：老人可能患有某些精神方面的疾病，性格多疑、孤僻，不便于直接开展对老人的帮扶工作；老人的养子小王是老人的主要社会支持系统，老人的邻居客观上对她构成了支持系统，因此可以从老人的养子和邻居入手，建立正式的社会支持系统，帮助老人走出困境。

管片主任通过周围的邻居以及小王打听老人的情况，并征求他们对于解决老人独居问题的意见。小王表示，独居是老人自己的选择，自己要尊重老人的意见，同时希望社区能够为老人提供生活上的支持。社区居民则表示，他们对老人的境遇虽然感到同情，但是更多地感到了不安，他们认为老人不仅需要生活上的支持，更需要心理层面的关爱，他们愿意在自己力所能及的范围内为老人提供相应帮助，共同维护和谐的社区环境。

访谈中，小王说，他对老人的境遇感到非常无奈：一方面老人对小王有强烈的依赖感，每天都会给小王打电话，要求他多回家看她；另一方面，老人对小王又有强烈的戒备心理，总说小王不是自己的亲生儿子，不会给自己养老，而且每次小王回家老人总要等很久才给他开门。小王希望社区工作者在提供服务时，一定要注意方法，避免与老人发生冲突。

了解各方的看法之后，管片主任开始正式的介入工作。由于无法与老人进行正面的交流，管片主任只能与小王进行沟通，帮助老人联系了附近的一家养老院。小王与老人进行沟通之后，老人表示不愿意去养老院，认为小王是嫌弃自己才要将自己送到养老院，并且对小王进行辱骂。随后，管片主任建议小王为老人请一位保姆，但是小王请来的保姆只待了几天就被老人赶走了，因为老人一直怀疑她要偷自己的东西。管片主任认为，老人的精神可能存在一定的问题，希望小王能够为老人请心理医生，对老人的心理问题进行医治。但是可能因为小王思想比较保守，他拒绝了管片主任的这一建议，不希望心理医生的介入。

前期的帮助工作均没有取得理想的效果，小王希望社区能够为老人提供更多照料，让老人再独居一段时间，进行观察。根据小王的建议，社区对老人开展了一系列专门的帮扶工作：社区工作者请人上门为老人安装了救助门铃，防止老人在家发生意外；发挥“一帮一结对子”的帮扶工作，请老人所在楼门的楼长对老人进行监护，一旦发生情况立即向社区汇报；社区党委组织党员志愿者进行定期的上门慰问，并发动邻居党员关照老人生活；社区工作者还常常邀请老人参加能力范围内的社区活动，希望通过这些活动缓和老人与社区居民之间的关系。

但是经过一段时间的工作之后，老人的状况并没有明显的改善，反而比以前更加自闭，行为也更加怪异。在这段时间里，老人甚至与邻居发生了肢体上的冲突，险些将邻居打伤。管片主任认为，在通过社区和邻居为老人建立支持系统效果不明显的情况下，只能通过小王为老人提供长期的支持。

管片主任找到小王，向他说明社区开展的相关服务工作，但是很遗憾没有起到预期的效果，希望小王能够体谅。小王对社区开展的工作表示满意，同时他打算将老人接到自己家中与自己一起居住，方便照顾老人。管片主任认为，社区在对老人的服务中尽了最大的努力，取得了一定的成效，最终小王将老人接到家中照料，为老人建立了比较稳定的社会支持系统，达到了预期的工作目标，因此决定予以结案。

## 二 社区工作者的心得体会

本案例反映出的一些问题，是社区甚至整个社会面临的共同问题：一是社会的老龄化，随着我国经济社会的发展，越来越多的家庭面临“高龄空巢”问题，越来越多的老人独居，缺少家庭的关爱和支持；二是社区工作者人才的短缺，一方面表现为供需的不平衡，社区工作者人数的增长速度远远无法满足全社会的需求量，另一方面表现为社区工作者素质和能力的欠缺，一线社区工作者大都没有接受过正规培训，助人服务不够到位；三是社区工作者普遍面临的伦理问题，尤其是在养老个案中，经过长时间的服务，服务对象会对社区工作者产生严重的依赖心理，而老年人往往会面临财产继承等伦理问题，社区工作者必须仔细加以应对；四是社会工作相关政策法规的缺失，我国的社会工作发展尚不完善、不成熟，社区工作者缺少国家政策法规的保护，服务工作缺少标准，往往存在“服务少了，服务对象不满意；服务多了，触犯相关法律政策”的尴尬局面。

社区工作影响到居民对于居委会乃至整个社会的看法和态度，在开展服务工作时，首先要树立公益心和同理心，需要自觉所担负的责任。社区工作往往涉及当事人之间各种利益的冲突，表现较为复杂，需要社区工作者在日常工作中积累实践经验，培养自己的沟通能力和发现问题、分析问题的能力。另外，社区工作者在开展工作时，一定要注意分析服务对象的身份，从不同的角度分析服务对象的诉求，树立正确的工作目标，做到有的放矢。

## 三 案例点评

本案中社区工作者对独居老人开展帮扶工作，取得了一定成效，这其中有几点值得借鉴：

（1）鼓励老人的养子对老人进行关怀，加强老人的亲情支持系统。

（2）对老人进行了比较全面、细致的帮扶工作，例如帮她安装救助门铃、发动社区居民对她进行帮扶、邀请她参加社区活动等，这些措施可以使老人得到来自社区的更多支持。

本案例中值得改进之处有下面两点：

（1）没有为老人提供心理方面的评估和服务，鉴于老人的特殊精神状态，建议为老人提供这方面的服务。

（2）没有与老人的邻居进行沟通，邻居始终对老人存在不良印象，对老人的态度恐惧大于同情，使老人失去了最可及的支持。

## 四 理论拓展

社区工作者在本案的服务工作中，运用了生态系统理论和联合家庭治疗模式，下面做详细介绍。

**（一）生态系统理论**

生态系统理论是建立在一般系统理论基础之上的。一般系统理论最早由贝特兰菲引入社会工作领域，该理论认为个人是社会的组成部分，同时又由其他系统组成。系统理论的价值在于它着眼于“整体”，而不是仅仅分析人类或社会行为的部分要素。

布朗芬布伦纳将生态环境视角引入一般系统理论，创立了生态系统理论。生态系统理论将人际关系分为了四个层叠的环境系统，从里到外依次为微观系统、中观系统、外围系统和宏观系统。后来布朗芬布伦纳还添加了第五个系统——时间系统。生态系统理论的主要观点有：

（1）认为人生来就有与环境和其他人互动的能力，人与环境的关系是互惠的，并且个人能够与环境形成良好的相互调和度。

（2）个人的行动是有目的的，人类遵循着适者生存的法则，个人意义是环境赋予的，因此要理解个人，就必须将其置于环境之中。

（3）个人的问题是生活过程中的问题，对个人问题的理解和判定也必须在其生存的环境中来进行。

在本案例中，社区工作者从服务对象身边的亲人和社区环境等不同的系统入手，将服务对象放在不同的系统层面发掘它们对服务对象的影响，从中找到对服务对象不利的影响，加以干预，改善服务对象所处的家庭系统和社区系统，并从中寻求支持。

**（二）联合家庭治疗模式**

联合家庭治疗模式是由萨提亚创立的，在家庭治疗的发展史上占有重要地位。该治疗模式实际上是建立在生态系统理论之上的，认为：（1）个体本身是一个系统；（2）家庭是另一个系统；（3）个体和家庭所处的情境也是一个独立的系统。个体系统的形成受到家庭系统的很大影响，同时家庭系统的形成也是家庭中个体系统之间互动的结果。个体系统与家庭系统呈现出相互影响、相互决定的关系，在家庭成员长期的共同生活过程中，两者相互塑造，形成了特定的家庭氛围与情境。

联合家庭治疗模式真正的目的是关注家庭成员的成长，但为了达成这一目的，需要借助家庭的情境作为动力。该模式的创新之处在于认识到家庭对个体的自我观念和行为模式的影响，并且希望通过对家庭历史的追溯与家庭沟通方式的理解，找出家庭成员问题的成因，在此基础上使个体面临的问题得到解决。

在本案例中，社区工作者积极与服务对象的养子进行沟通，希望通过对老人养子的工作为老人构建和谐的家庭情境，为老人提供支持。通过社区工作者的努力，老人的养子对老人面临的问题逐渐重视起来，并加强了与老人之间的沟通，最终将老人接走照料，使老人的养老问题得到了解决。

## 五 资源链接

(1) 范明林．老年社会工作案例评析．上海：华东理工大学出版社，2010.

(2) 张文霞，朱冬亮．家庭社会工作．北京：社会科学文献出版社，2005.

(3) 杜景珍．个案社会工作——理论·实务．北京：知识产权出版社，2007.

(4) 高刘宝慈．个案工作：理论及案例．香港：中文大学出版社，2001.

## 六 案例涉及的行政资源

街道民政科、心理健康服务站、老人院等。

# 案例十九　火车站噪音扰民

## 一　案例简介

### (一) 事件描述

某社区的几栋居民楼与火车站供电车间距离很近，中间只隔着一条5米宽的路，供电车间离居民区最近的是一座配电室。一天，供电车间在没有安装防噪音设施也没有通知社区居民的情况下，在其配电室正对居民楼的外墙上安装了12个电风扇，并且实行24小时不间断作业，给社区居民带来了严重的噪音干扰，影响了居民的正常生活。受影响居民曾自发选出代表试图与火车站协调此事，希望火车站能够采取相应措施妥善处理噪音问题，但火车站方面态度比较强硬，没有听取居民的意见。

噪音问题引起了社区居民的强烈不满，有几户居民忍受不了噪音的困扰，在半夜赶到供电车间与现场工作人员进行理论，甚至发生轻微肢体冲突。社区居民与火车站供电车间之间的矛盾由此激化。

### (二) 社会工作介入

社区管片主任小王发现这一情况后，及时向社区居委会进行汇报，对噪音问题进行介入。小王找到社区居民，对他们进行访谈，征求他们对噪音问题的看法和处理意见，完成接案工作。通过访谈小王得知，居民希望从以下途径解决噪音问题：一让火车站供电车间合理安排工作时间，实行限时作业；二在配电室外安装降噪音设施；三由火车站按照国家标准对居民进行相关补偿；四让火车站供电车间相关负责人出面对被扰居民道歉，并做出不再产生噪音的保证。

小王在社区其他工作人员的帮助下，对本案进行了预估，总结出本案应当处理的几个问题：首先是要稳定被扰居民的情绪，防止矛盾的进一步激化；其次是要与火车站相关方面开展沟通，减轻或削弱噪音对居民的影响；最后是为社区居民与火车站方面提供沟通的渠道，改善社区居民与火车站方面的关系，预防此类问题的再次发生。小王认为本案工作的难点主要在于：一火车站虽是辖区内的单位但属铁路部门管辖，超出了社区的能力范围，社区工作者开展工作要考虑多方面因素；二被扰居民数量较多，如果处理不当，则很容易引发群体冲突或上访。考虑到上述两个方面，小王认为应当向街道相关部门请求帮助，请它们出面与火车站相关领导进行沟通，共同调解此事。同时，小王请社区居民选出代表，及时向居民代表反馈问题处理的情况，稳定居民情绪，防止矛盾的升级。而本案的调解工作则以达成居民诉求为目标。

小王在其他社区工作者的陪同下，找到火车站供电车间相关负责人员，向他们说明配电室噪音问题，征求他们对此事的处理意见。但是供电车间负责人表示，风扇是上级部门下令安装的，因此处理办法必须征得上级部门的同意。于是小王邀请街道对口部门出面，与火车站领导交流此事。做完这些工作之后，小王及时向居民代表反馈问题处理的情况，等待火车站方面的答复。

但是过了一段时间之后，火车站方面仍然没有采取任何措施，居民代表希望社区工作者能够出面催促。小王对问题进行分析之后认为，应当利用社区周边的社会支持系统，对火车站负责方形成一定的舆论压力，引起他们的重视，才能使问题得到有效解决。小王向居民代表表达了自己的意见，居民代表决定发动社区居民写联名信，向火车站上级主管部门申诉，请其出面干预此事。居民代表中有一位民主人士张女士给北京市环保局写信请求支持，邀请环保局出面对噪音进行检测，获取噪音扰民的关键证据。

在社区工作者和居民的努力下，火车站方面感到了舆论压力。几天之后，经过小王的邀请，供电车间负责人来到居委会，与居民代表展开沟通。在小王的协调下，最终供电车间负责人表示，愿意以公告的形式向被扰居民道歉，实行 6 台风扇轮流限时作业，并保证中午和夜间休息时间不作业。但是对于居民提出的安装降噪音设施和补偿要求，负责人表示因为经费问题无法满足。在小王的调解下，双方愿意各自做出让步，供电车间为居民提供一次性的慰问品，居民放弃了赔偿要求。

经过一段时间的观察，小王发现被扰居民区周围的噪音明显减轻了，在入户回访得到的反馈中，居民也表示噪音比过去减少了很多，对日常生活影响不大。小王认为介入工作取得了预期的效果，与居民代表协商之后，决定结案。

## 二　社区工作者的心得体会

我们认为，本案牵扯到社区与周边单位的关系问题，对于此类案例，必须引起足够的重视，妥善加以处理。一方面要考虑到居委会是居民自治组织，没有行政执法权力，能力有限，在开展工作的过程中应当注意方式方法；另一方面要考虑到问题的复杂性，要积极利用社区资源，向有关部门寻求帮助，开展综合治理，发挥部门间联动机制。

噪音问题属于比较严重的扰民问题，因此社区工作者应当及早发现，及时介入开展工作，对居民进行合理的引导，防止矛盾的升级。在工作过程中，要与各利益相关方开展交流，了解他们的诉求，有针对性地开展工作，调和各方矛盾。对于介入过程中问题的处理情况，要及时向社区居民进行反馈，征求他们的意见和建议，获得他们的理解和信任，便于后期工作的进一步开展。

本案例也反映出一些社会问题。社会普遍强调对弱势群体的关爱，但是对于普通民众的诉求重视程度不够，缺乏相应的社会支持和关注。噪音问题严重影响社区居民的正常生活，但是目前我国在此方面的立法尚不完善，缺乏这方面的保障机制。

## 三　案例点评

本案例中，社区工作者的介入工作比较成功的地方有以下几点：

（1）能够充分听取各利益相关方的意见和想法，并由此开展调解。

（2）积极寻求上级部门的支持。

（3）利用社区居民和社区民主人士扩大社会影响，避免与涉案单位的正面冲突。

（4）及时将矛盾的调解进程向社区居民反映，得到社区居民的信任和支持。

本案例工作中也有一些值得商榷之处，例如发动社区居民写联名信、通过社区民主人士扩大噪音事件的社会影响等，这类群众工作的尺度难以把握，需要以丰富的经验为基础，把握不好可能会导致该事件的扩大化，影响社区的稳定和谐。所以社区工作者在进行此类工作时应当保持谨慎。

## 四 理论拓展

危机干预运用了自我心理学中的元素，它的焦点集中在对外部事件的情感反应，以及如何理性地控制这些情感反应。有学者分析了中国哲学中关于危机干预的概念，认为危机干预理论可以在中国应用，而且在中国应用危机理论时，应强调对和谐的追求，这种追求可以成为西方理论中的有用要素。

危机干预模式认为，人处在一个稳定的状态中，发挥正常的功能，而危机则是人生活中的转折点，人若无法有效处理危机，他的生活就会陷入困境。而社会工作者所要做的工作就是帮助他们应对危机，摆脱困境。危机干预模式还要求社会工作者提供服务时应当坚持六点原则，下面结合本案例稍作说明：

（1）及时处理，尽可能减少对服务对象及其周围其他人的危害，抓住可改变的有利时机。本案例的社区工作者小王在接到社区居民的反映之后，第一时间赶到了受到噪音影响的居民楼附近了解情况，做到了及时处理。

（2）限定目标，危机介入的首要目标是以危机的调适和治疗为中心，尽可能降低危机造成的危害，避免不良影响的扩大。小王制定的首要目标就是缓解居民情绪，防止噪音影响可能引发的居民上访等社会问题。

(3) 灌注希望，调动服务对象改变的愿望。小王向社区居民保证会妥善处理噪音问题，与社区居民建立了良好的信任关系，而且在介入处理过程中还注意定期地向他们进行反馈，给社区居民带来了希望。

(4) 提供支持，充分利用服务对象自身拥有的社会资源，为服务对象提供必要的支持。社区工作者小王在问题处理过程中，向街道办事处以及北京市环保局等单位寻求帮助，有效地利用了社区资源，为社区居民顺利解决噪音问题提供了必要的支持。

(5) 恢复自尊，危机的发生通常导致服务对象身心混乱，使服务对象的自尊感下降。小王发动社区居民积极参与到噪音问题的解决工作中，让他们认识到自身有能力解决自己所面临的危机，提升他们的自尊心和自信心。

(6) 培养自主能力，整个危机介入过程就是帮助服务对象增强自主能力面对和克服危机的过程。本案中，小王不仅顺利地帮助社区居民解决了噪音问题，而且也教会了他们如何处理此类问题，居民获得了处理此类问题的经验和能力。

## 五　资源链接

(1) 曾鹏．社区网络与集体行动．北京：社会科学文献出版社，2008.

(2) [美] 奥尔森．集体行动的逻辑．上海：格致出版社，2011.

(3) [美] 埃米·R·波蒂特，等．共同合作——集体行为、公共资源与实践中的多元方法．北京：中国人民大学出版社，2011.

## 六　案例涉及的行政资源

街道城市综合管理办公室、信访办等。

# 案例二十　商户装修扰民

## 一　案例简介

### （一）事件描述

某社区一栋建筑为商住两用楼，一二层为沿街商铺，三层及以上为居民住宅。今年三月份，某公司租下其中一套商铺，并对其进行装修。装修过程中需要拆除一些墙壁，敲击和打孔产生的噪音沿着墙向上传到居民家中，非常刺耳。由于该公司事先没有向居民告知，也没有采取减轻噪音的有效措施，居民的生活受到了严重影响，引起了居民的强烈不满。曾经有居民找到该公司和施工方，希望它们能减轻施工产生的噪音，但是该公司和施工方对此没有理睬，仍然我行我素。居民找到社区居委会，希望社区出面帮助他们解决噪音扰民问题。

就在社区工作者准备介入干预时，双方的矛盾因噪音的持续迅速激化了。当时，该住宅楼的一位住户老王刚做完心脏手术，出院回家休息。某日，正当老王要入睡时，楼下突然传来电钻刺耳的声音，老王被吓了一跳，睡意全无，而且他还感到自己的心脏因为猛烈惊吓产生了阵阵剧痛。老王非常愤怒，挣扎着从床上爬起，跑到楼下与施工方理论，但施工方依然摆出不理不睬的态度。老王脾气比较火爆，当即推了一把正在施工的工人，施工人员随即还击，对老王进行推搡，双方发生了肢体冲突，局面陷入了混乱。

### （二）社会工作介入

社区工作者在接到居民反映之后，立即赶往现场。当社区工作者赶到现场时，施工方与老王之间的冲突还未停止，老王被气得捂住胸口，气喘吁吁。社区工作者见状连忙上前将老王拉到一旁，帮助他稳定情绪，防止他病情的复发。在老王情绪稳定之后，社区工作者向他表示一定会妥善处理此事，劝说他先回家休息，并将他护送回家。随后社区工作者找到现场施工人员，试图与他们进行协调，但遭到了施工人员的拒绝。社区工作者只好找到该楼物业公司，侧面了解该公司与施工方的基本情况，并根据施工图纸对被拆墙壁的部位进行了核实。了解了基本情况后，社区工作者完成了接案工作。

接下来社区工作者召开工作会对情况进行预估，大家认为应做好三方面的工作：首先要与社区居民展开交流，稳定他们的情绪，听取他们对问题的处理意见，防止出现集体上访现象；其次要缓和社区居民与开发商之间的对立情绪，改善双方的关系；最后要组织社区居民与开发商进行调解，解决噪音扰民问题。同时大家也总结了工作的难点：一是涉及居民较多，如果不能妥善处理就很容易引发群体上访，造成恶劣的社会影响；二是群体事件中夹杂着个案，如果个案的安抚和慰问工作不到位，则容易扩大矛盾面，如老王与施工方之间的冲突；三是各方利益交错，处理过程中难以区分，如施工方要限期向该公司交付房屋，该公司要考虑装修期间的成本问题等。调解过程中要克服上述三个难点，以根本消除扰民噪音为目标，维护社区居民的正当权益。

明确问题的难点和工作目标之后，社区工作者召集被扰居民，向他们表明社区对此问题的处理态度，争取他们的信任和支持，同时鉴于居民数量较多，社区工作者请大家推选代表，便于开展沟通工作。然后由居民代表汇集大家的诉求，向社区工作者表达大家对于噪音问题的处理意见：希望该公司和施工方实行限时作业，并采取相关隔音措施，减轻噪音对居民的影响；同时希望该公司能按照国家标准，提供相应的物质赔偿；该公司装修过程中拆除了承重墙，造成了安全隐患，希望相关部门出面制止。另外，居民代表还单独反映了老王等几位有特殊困难居民的处理意见，他们希望该公司在装修期间能够提供临时住房对他们进行安置。

了解居民诉求之后，社区工作者又找到该公司，了解其在装修过程中遇到的困难以及对此事的处理意见。该公司表示，因为房租较贵，在开发过程中必须尽量缩短装修时间，保证按时开业，但是目前因为与居民之间矛盾的恶化，装修工作陷入了困境，居民从楼上扔下杂物或者拔掉机器插头，阻止了施工方的作业。该公司同时表示，目前的局面也是自己不希望看到的，愿意通过减轻噪音、提供物质补偿等措施缓解与居民之间的矛盾，使装修工作如期完成，早日开门营业。

社区工作者及时将沟通情况告诉居民代表，并请他们向社区居民传达处理工作的进展，稳定大家情绪，防止事件冲突的升级。然后，社区工作者陪同该公司对被扰居民进行入户走访，向他们说明情况，并带去慰问品，请求他们的谅解，缓和居民与该公司之间的对立情绪。该公司对老王进行了重点走访，向他表示歉意，并承诺给予他和其他几户特殊困难的居民一定数量的慰问金，让他们在施工期间搬到亲戚家居住，确保他们不被噪音打扰。

通过该公司的努力，社区居民逐渐不再抵制施工方作业，施工方的装修工作顺利进行，可以保证按时交付，施工方的情绪得到了缓解，对社区工作者的态度逐渐好转。同时，社区工作者找到施工方负责人，向他说明拆除承重墙行为的危险性，希望能够停止这种行为并对已经拆除的墙体进行修复。为避免与居民之间的冲突，施工方表示同意，这样一来也使得装修经费减少，为该公司降低了装修成本。

双方关系得到充分改善之后，社区工作者邀请该公司、施工方以及居民代表到居委会，对问题做最后的处理调解。因为有了之前的工作，调解过程中气氛非常融洽，大家充分交换了自己的意见后，达成了最终的调解协议：该公司为社区居民提供慰问品，对他们进行补偿；施工方保证限时作业，不在休息时间进行装修，同时保证不再拆除承重墙，确保施工安全；居民则表示不再对该公司的装修工作进行阻挠，对施工中产生的噪音进行适当的容忍。各方对调解协议均表示满意，社区工作者征求他们的同意后，决定结案。

## 二　社区工作者的心得体会

社区工作面临的问题往往牵扯数个利益相关方，各方矛盾交织在一起，比较复杂，而且会在短时间内集中爆发，因此处理起来有一定难度，需要有良好的工作态度和正确的工作方法。社区工作者在工作中应当树立同理心和责任感，形成认真负责的工作态度，注意体会服务对象面临的困境，尽最大努力满足服务对象的诉求，通过个案工作使服务对象的问题得到解决。

在本案例的介入工作中，用到的社区资源和社会支持系统很多，需要运用相关社会工作理论对各种资源进行整合，社区工作者在日常工作中应注意理论与实践的结合，在工作中提升自己的理论水平。本案例能够成功结案，还得益于社区工作者之间的默契配合。因此，在社区工作中一定要注重人才队伍建设，在实践中形成分工完善、配合默契的工作团队。社区工作者还要时常对自己的工作进行反思，对其中可能出现的伦理问题提前做好准备，把握好工作尺度，将工作做到位。在社区日常工作中，社区工作者要注意与社区居民保持友好的关系，获取居民的信任和支持，同时也要与相关职能部门积极联系，为社区工作的开展创造良好的氛围。另外，社区工作者要注重自身知识和能力的培养：一方面要积极学习社会工作、心理学、社会学、法律等相关理论知识，提高自己的理论水平；另一方面要在工作中不断总结和积累经验，培养自己的沟通能力、分析问题和解决问题的能力，更好地为社区居民服务。

## 三　案例点评

本案例中，社区工作者比较有效的工作有以下几点：

（1）能够果断地及时采取紧急介入措施，防止矛盾的激化。

（2）汇集各利益相关方的诉求，并由此制订相应工作计划调解各方利益，使调解工作具有针对性。

（3）在该公司走访的过程中予以陪同，一方面可以缓和居民的对立情绪，另一方面也能对该公司履行承诺起到监督作用。

（4）能够及时向居民进行反馈，接受居民的监督，确保调解工作的透明化。

## 四 理论拓展

危机介入模式在实际工作中有四个特点，使其在社会工作者实务中具有很强的实践性，而在本案例中，这四个特点均得到了很好的体现：

（1）能够迅速了解服务对象的主要问题。这要求社会工作者需要将自己的注意力集中在服务对象最近的生活状况上，采用开放式的提问方式帮助服务对象整理自己的想法和感受。在本案例中，社区工作者主动上门了解居民家中的噪音问题，积极地与居民进行沟通，了解他们对于问题的看法和处理意见，很好地体现了这一特点。

（2）能够迅速做出危险性判断。社会工作者需要对服务对象采取破坏行为的可能性和危险程度进行评估，以便及时地介入。本案例中，社区工作者在处理噪音事件时，考虑了事件的时间背景，分析了受噪音影响的居民可能会产生群体冲突、集体上访等破坏社区稳定的行为，并根据这些制订了介入工作计划。

（3）能够有效稳定服务对象的情绪，与服务对象建立信任的合作关系。本案例中，社区工作者通过上门访谈、陪同涉事公司走访慰问等方式，缓解了居民对涉事公司的敌对情绪，并成功建立起相互信任的专业关系。

（4）能够积极协助服务对象解决当前问题，协助服务对象分析危机产生的原因，并制订以解决当前问题为目标的介入计划。本案例中，社区工作者完成接案后，分析了应当处理的三个问题，并将解决噪音扰民作为介入工作的目标，制订了介入计划，然后帮助居民与涉事公司开展沟通，使介入工作有序展开。

## 五 资源链接

（1）［美］埃莉诺·奥斯特罗姆．公共事物的治理之道：集体行动制度的演进．上海：上海译文出版社，2012.

（2）［美］罗伯特·施奈德，洛丽·莱斯特．社会工作倡导：一个新的行动框架．上海：格致出版社，2011.

## 六　案例涉及的行政资源

街道城市综合管理办公室、信访办、地区派出所等。

# 案例二十一 自建房侵占道路

## 一 案例简介

### （一）事件描述

某社区有一座四合院，因为修建时间较长，院内房屋普遍破旧，过道比较狭窄。院内的几家住户在此共同居住了多年，彼此之间都很熟悉，平时来往很密切，邻里关系融洽。近年来，院内居民为了改善自家住房条件纷纷扩建房屋，但是邻里之间没有因此产生过矛盾。

今年春天，院内居民王先生打算翻修自家房屋，增加自家住房面积。但王先生家的房子在四合院的外侧，紧靠公共过道，如果要扩建房屋就只能占用公共过道了。王先生没有与院内其他居民商量，便请来了施工队，将自家房屋向公共过道一侧扩建。建完后，原本就不宽敞的过道变得更加狭窄，最窄处只有0.75米，影响了院内其他居民的出行。大家在和王先生聊天时多次说到此事，但碍于多年邻里关系，没有人向王先生做出过正面交涉。某天，住在院内的赵先生出门经过过道，因为赶时间，走路速度比较快，不小心将胳膊蹭到墙上受伤了。赵先生感到非常气愤，情急之下不顾邻里情面，找到王先生要求他立即将房屋扩建部分拆除，恢复原有过道宽度。但王先生考虑到自家居住条件，以及拆除过程中涉及的费用问题，断然拒绝了赵先生的要求。于是赵先生找到社区居委会，要求社区出面调解此事。

### （二）社会工作介入

社区李主任了解情况之后，跟赵先生到该四合院查看过道被占情况，对过道宽度进行测量，并与原来的宽度进行比较，了解到过道由原来的

1.2 米变为现在最窄处的 0.75 米。李主任向赵先生征求处理意见，赵先生表示希望王先生家能重新改建房屋，将过道恢复原貌。考虑到赵先生与王先生之间的矛盾，李主任没有立即找到王先生，而是在王先生来社区办事时提出此事，与王先生展开充分的沟通，了解他对问题的看法和处理的底线。王先生表示自己房屋居住面积有限，而且改建需要一定费用，不愿对房屋进行修整，并希望李主任能出面做通邻居的思想工作。在充分了解涉案双方的诉求之后，李主任完成了接案工作。

李主任与社区工作人员对此案进行了预估，经过讨论，大家认为此案存在以下矛盾：王先生改善住房，侵占了公共过道，侵犯了赵先生等周围邻居的利益，这对赵先生等人是不公平的；但如果王先生重新改建住房，那么他家中的住房条件又会恢复以前的状况，而且还会产生一定费用，相当于王先生付了两次钱，但自家住房条件没有得到任何改善，对此王先生也是不好接受的。因此本案应当处理好两个问题：一是该不该对房屋进行改建；二是如果改建房屋，产生的费用该如何分配。本案的工作目标就是要解决赵先生等人的出入难问题，并改善他们与王先生之间的关系，均衡两者之间的利益。

李主任邀请王先生和赵先生到居委会，开展调解工作。李主任用社区最近开展的和谐邻里关系建设为话题，利用两人多年的邻里关系对两人进行开导，希望他们能够互相理解。毕竟是多年的老邻居，两人打破僵局，对住房占道的问题进行了沟通。在李主任的协调下，两人表示愿意各自做出退让：王先生愿意对房子进行改建，将过道拓宽至一米，方便赵先生出行；赵先生则表示能够接受王先生的处理意见，允许他占用一定过道面积。

一个月之后，李主任来到赵先生所在四合院回访，查看王先生家房屋的改建情况。赵先生说，王先生虽然对过道进行了拓宽，但是拓宽之后的宽度并没有达到约定的 1 米，只有 80 多厘米，自己依然感到出行不便。李主任找到王先生，催促他按照调解协议再次拓宽过道，否则社区将向城管、消防等部门反映这一情况。王先生对自己的行为表示非常抱歉，并保证会对房子进行再次改建。

两周之后，李主任再次回访时发现，王先生对房子进行了改建，并且过道宽度达到了事先约定的宽度，赵先生对此表示满意。

按照之前的计划，占道问题解决后李主任试图着手改善他们之间的关系。但是经过一段时间观察后，李主任发现两人并没有因为这件事情产生不愉快的情绪，每天上下班仍然像以前一样热情地打招呼，也乐于为对方提供自己力所能及的帮助。李主任认为，随着占道问题的解决，两人之间的关系得到了缓和。于是李主任决定不再对他们之间关系的改善问题进行干预。

## 二 社区工作者的心得体会

社区工作者往往面对社区内比较复杂的矛盾，应当注重工作流程的标准化和规范化，这对新入职的社区工作者尤为重要。科学的工作流程应当包括几个阶段：一是接案阶段，要了解双方的基本情况和冲突产生的来龙去脉，并且稳定冲突双方的情绪，防止矛盾的升级；二是预估阶段，要对个案中存在的利益关系进行分析，明晰预估工作中可能出现的问题，确定合理的工作目标，制定完善的工作方案；三是介入阶段，要利用社会工作专业助人技能为服务对象提供服务，帮助服务对象解决问题，化解矛盾；四是回访和评估阶段，要及时收集服务对象的反馈，对服务工作的效果进行评估；五是结案阶段，要与服务对象展开沟通，了解服务对象问题的解决情况，与服务对象进行协商并征得服务对象同意之后，方可决定结案。

社区工作者在助人工作中要注意专业的方法和技巧。在接案时，要注意保持中立，防止自己与冲突一方产生对立。在开展服务时，要注意站在服务对象的角度上看待问题、考虑问题，使服务细致周到，照顾到各方利益。在开展服务一段时间之后，一定要注意向服务对象反馈工作进展情况，听取服务对象意见，获得服务对象的信任和支持。另外，社区工作者还要注意工作中的细节问题，例如，对服务对象的称呼要亲切热情，在日常工作中建立与社区居民的良好关系，以及注意积累工作经验等。

## 三 案例点评

在本案例中，社区工作者服务工作比较成功之处有以下几点：

(1) 注意利用矛盾双方多年的邻里关系，帮助他们开展有效沟通，充分发挥服务对象的自我决策权。

(2) 考虑到双方的利益需求，对他们的利益冲突进行调解，这是本案例中最值得借鉴的一点。社区工作者利用矛盾双方由于居住在同一个院内居住环境相同、家庭背景相同等共同点，而且选择两人都熟悉的居委会这样一个比较正式的场所，为两人的调解创造了有利的环境，使王先生和赵先生认识到邻里关系的重要性，双方都愿意在利益方面做出让步。

(3) 实行了有效的回访机制，在回访过程中及时发现调解协议执行过程中存在的问题，让王先生再次改建房屋将过道拓宽至约定宽度，使服务对象的利益得到保障。

建议在服务对象达成调解协议之后，社区工作者应当添加适当的执行监督机制，催促责任方履行协议规定的义务。在本案例中正是缺少了这一机制，导致王先生在再次改建房屋过程中未达到之前约定的过道宽度，而在社区工作者回访后不得不又一次改建，既影响了邻里互信，也给自己增加了不必要的费用。

## 四 理论拓展

任务中心模式所处理的问题应当具备两个条件，即必须是有限度及清楚明确的，而且必须是可以用行为形式表达的。这些问题大致可以分为七类：人际冲突、不良社会性关系、与正式组织互动中产生的问题、角色扮演上的困难、社会性变动所带来的问题、反应性情绪困扰、社会资源不足。本案例应当属于人际冲突和社会资源不足的复合型问题，一方面表现为王先生和赵先生的人际冲突，另一方面表现为住房资源的短缺。

一般认为，任务中心模式的介入有六个连续的阶段：

(1) 社会工作者制定工作目标。本案例中，社区工作者制定的目标就是要解决赵先生等人的出行难问题，以及协调他们与王先生之间的邻里关系。

（2）社会工作者与服务对象就目标问题、服务时间等事项达成协议。在本案例中，社区工作者所提供的服务就是集中调解。

（3）社会工作者根据服务对象对各问题的焦虑程度，确定处理的先后顺序。本案例中，房屋扩建侵占过道影响了赵先生的日常出行，这一问题对赵先生的困扰最大，也最迫切地需要得到解决，因此应当先处理这一问题。在这一问题得到解决之后，再考虑着手改善他们之间的关系。

（4）服务对象及社会工作者就有关问题选择及确定任务，对任务进行分配。本案例所涉及的任务主要在于王先生方面，王先生改建自家房屋让出被侵占的过道，而社区工作者则为其提供必要的帮助。

（5）服务对象与社会工作者完成有关任务。

（6）社会工作者对相关任务完成情况进行考核。在本案例则体现在李主任的回访机制中，通过回访，李主任及时指出王先生房屋改建后存在的问题，并督促其纠正。

## 五 资源链接

（1）张雄．个案社会工作．上海：华东理工大学出版社，1999.

（2）林孟平．辅导与心理治疗．上海：上海教育出版社，2005.

（3）高万红．个案工作理论与实务．北京：中国劳动社会保障出版社，2008.

## 六 案例涉及的行政资源

街道城市综合管理办公室、信访办、司法所等。

# 案例二十二　房屋产权纠纷

## 一　案例简介

### （一）事件描述

老人王某居住在社区某四合院的一间房屋里，但是由于历史原因，老人对房屋并没有所有权。真正的房主是其邻居张先生，张先生多次想收回自己的房屋，并且曾经将其起诉至区人民法院。法院判决房屋归张先生所有，但是因为王家贫困，无法实现强制执行。因此老人一直居住在不属于自己的房屋内，每个月都向张先生缴纳少量租金，引起了张先生的不满，这就为后来的冲突埋下了隐患。

一天，张先生在装修自家房屋的过程中，将自家厨房拆除。两家的厨房都是一间小平房，且共用一堵墙，张先生在拆除过程中，将共用墙一并拆除。这样一来，王家的厨房就完全裸露在外面，而且随时有倒塌的危险，王家没法正常做饭了。而且在装修过程中，张先生在院内堆放大量建筑材料，给王家的出行带来不便。老人的三个儿子找到张先生理论，要求张先生清除院内的建筑材料，并将自家受损的厨房修复。张先生态度强硬，认为王家居住的本来就是自家房屋，自己装修房屋无须得到王家的同意。老人的三个儿子与张先生发生了争吵，矛盾由此激化。

为了能让自家问题得到解决，老人的三个儿子将老人带到区政府信访办上访，并将老人留在了区信访办，要求区政府领导出面让张先生修复王家厨房，声称问题不解决就不接回老人。

### （二）社会工作介入

社区工作者接到通知后，迅速赶到区政府，对老人的三个儿子进行劝导，保证社区一定会对房屋问题做出妥善处理，请他们先将老人接回。经过沟通，老人的三个儿子同意先将老人接回，但要求社区工作者务必妥善处理自家厨房问题。

社区工作者返回社区居委会之后，开会讨论此事，决定由社区管片主任负责调解。经过大家的分析讨论，认为调解工作有一定难度，因为涉及房屋产权问题，超出社区工作者调解能力范围。同时，服务对象王老太家中贫困，并且她的三个儿子容易情绪化，如果不能妥善处理此事，很可能就会使王老太的生活陷入困境，她的三个儿子也会继续上访，导致矛盾的进一步激化。就在社区工作者要开展工作时，王老太的三个儿子提出了新的要求，要求社区借此机会帮助王家彻底解决住房问题。但是社区工作者认为，这一诉求超出了社区工作者的能力范围，不能予以实现，但考虑对方的情绪，社区工作者没有正面予以回绝。

社区工作者制定了自己能力范围内的工作目标：调解王家和张家之间的矛盾，使王家受损的厨房得到修复，让张先生妥善处理自家建材，为王家清理出一条出行的路；在两家之间重新构建良好的邻里关系。根据这一目标，管片主任首先对社区可利用的资源进行汇总，寻求街道信访办、派出所、城管及房管部门的支持。鉴于产权纠纷涉及法律问题，管片主任还邀请了街道调解室的律师参与集中调解。在集中调解过程中，管片主任从法律、治安、亲情、邻里等多个方面进行了长时间的说服教育，并重点对张先生进行了劝导。最终张先生同意在房管部门的配合下，修复王家受损的厨房，清除院内堆放的建材，并保证以后此类事件不再发生。王家表示接受调解协议。

虽然两家的直接冲突得到了化解，但是引发矛盾的根源并没有得到解决。管片主任认为，消除两家矛盾的根源有两个方法：一是通过法律途径，但是由于王家贫困，张家就是胜诉也无法收回自己的房屋，而且这一解决途径也超出了社区工作者的能力范围；二是通过社区互动的途径，对他们的情绪进行合理化疏导，在两家之间建立一种和谐融洽的邻里关系，维持现有的居住状态。因此，管片主任制订了一套长期干预的工作计划，希望通过社区活动、教育宣传等形式改善两家之间的关系。

经过一段时间的尝试，管片主任发现介入工作取得了良好的效果，两家之间的关系明显改善了很多，例如：张家在修葺自己屋顶时，顺便将王家的屋顶加以修葺；王家经常将自家做好的饭菜送到张家，而且还主动提高了每个月的房租。两家再也没有因为房子的问题发生纠纷，管片主任认为两家之间的矛盾得到了化解，介入工作取得了较理想的效果，与两家协商之后，决定予以结案。

## 二　社区工作者的心得体会

要想使社区居民调解工作取得预期成效，首先要正确地看待居民之间出现的问题，任何矛盾实际上都是相关方之间利益的博弈，社区调解工作的关键是找到各相关方利益之间的平衡点。所以在社区工作中，社区工作者应当抓住每个人的诉求，围绕各方的利益冲突开展调解工作。认识到这一点，是做好社区工作的关键。

在开展社区工作的过程中，应当注意处理问题的方式方法。接案过程中，应当照顾来访居民的情绪，切忌摆出“公事公办”的姿态，对居民热情、亲切，给予他们人文关怀，消除他们的戒备、抗拒心理，便于后续工作的开展。在介入时，要提前了解相关的政策法规，明确调解工作的原则，以此为前提指导助人工作。帮助服务对象处理问题时，要注意联系和利用社区相关资源及社会支持系统，例如，在处理这起纠纷时，社区工作者找到派出所、房管部门及街道对口科室寻求帮助，有效地解决了服务对象面临的问题。

另外，社区工作者应当在日常工作中注意积累经验，一方面要对自己工作中的体会和处理问题的方法及时进行总结，另一方面要对自己工作中出现的问题进行反思，并及时向社区的老同志请教学习。社区工作者还应当在日常的入户和接待工作中，注意培养自己与居民之间的友好关系，获得居民的信任和支持。

## 三 案例点评

在本案例的服务工作中，社区工作者有以下几点值得借鉴：

（1）对工作尺度的把握非常到位。房屋产权纠纷属于法律范畴，社区工作者不具备相关业务知识，处理不好很容易引发“越权”的专业伦理问题，而社区工作者服务工作的巧妙之处就在于，成功地将利益相关方之间的矛盾引导到人际交往方面，使他们超越房屋产权的纠纷，看到根本利益所在，选择继续保持稳定的状态。

（2）能够有效地利用社区资源，向街道信访办、派出所和房管部门寻求帮助，在调解的过程中邀请街道调解室律师参与协调，使服务工作更具规范性、专业性。

（3）在开展服务工作时，能够注意与服务对象进行有效的沟通，向服务对象反馈工作的进展情况并听取服务对象的意见，充分发挥服务对象的自我决策权。

本案例的处理也存在有待商榷之处，当王家提出一并解决房屋产权问题时，社区工作者没有给出明确答复。虽然社区工作者的回绝可能会引发服务对象的对立情绪，但是不给予确定答复却会给将来的工作留下隐忧。因此，建议对于此种情形社区工作者应当给予明确的回复，说明工作的权责范围，争取得到理解。

## 四 理论拓展

沟通理论是以社会心理学、人类学和社会语言学中有关人际沟通的一些理论为基础而形成的一种理论，它认为大多数沟通都形成于一定的模式，人们习惯于和他们经常交往的人保持平稳的、可预见的沟通方式，这成为他们之间的基础。这种理论强调人际沟通在人际关系中的重要性，认为许多人的行为问题都是出在人际沟通方面，如不能恰当地接受、选择和评估信息，不能很好地给予或接受信息反馈等。沟通是个人与他人互动的媒介，个人的自我强度、自我防御机制以及知觉能力等因素，对个人的沟通技术的优劣有决定性的影响。本案例中矛盾双方王家和张家就缺少了有效的沟通，对对方的情况不甚了解。张家认为王家长期赖在自家房中，导致自己的房屋无法收回，只能收取低廉的租金，感到非常愤慨，而且修缮自家房屋本来就是自己的事情，无须得到王家的同意；王家则认为政府部门早晚会为自家落实住房政策，现在居住房屋的产权最终会是自己的，张家修缮房屋不仅阻塞了出行，还弄坏了自家的厨房，损害了自己的财产。

其实本案例所涉及的房屋产权纠纷，法院已经审理过并进行了判决，尽管张家获胜，但也无法收回房屋，双方也都明白，法律手段无法有效解决他们之间的房屋产权纠纷。社区工作者认为最好的解决方法就是维持现有的居住状态，要维持现有居住状态就必须先消除两家因为房屋装修引起的矛盾，然后改善两家之间的关系。根据沟通理论，人际关系中最重要的部分之一就是能够进行有效的沟通，消除人际矛盾的主要途径就是为双方营造良好的沟通平台。在本案例中，社区工作者巧妙地运用了沟通理论，将工作的重点放在服务对象双方之间和谐邻里关系的构建上面，为双方搭建沟通的平台，使他们之间的问题在沟通中得到解决，最终让工作取得了较为理想的效果。

## 五 资源链接

（1）刘树桥，马辉．人民调解实务．广州：暨南大学出版社，2008.

（2）［美］罗纳德·S·克雷比尔，等．冲突调解的技巧：调解人手册（上下册）．南京：南京大学出版社，2011.

（3）《人民调解员实用手册》编写组．人民调解员实用手册．北京：中国法制出版社，2011.

## 六 案例涉及的行政资源

街道城市综合管理办公室、信访办、司法所、地区派出所、房管部门等。

# 案例二十三　社区综合治理应对倒树事件

## 一　案例简介

### （一）事件描述

一天，某社区工作者小王在对自己负责的网格进行检查时，接到社区居民报告，说其所住的家属院内一棵大树因为长期缺乏修整斜向生长，部分枝叶长到了居民房顶，并且随时有倾倒的危险。小王赶到该家属院，发现这棵大树倾斜角度较大，并且生长茂盛，如果倒下就容易砸到房屋或居民，后果不堪设想。小王查看了现场的情况，将这一问题向社区反映。社区居委会开会讨论之后，认为清除危险树木超出社区的能力范围，于是决定向房管、绿化等部门寻求帮助。几天后，街道绿化队的工作人员赶到危险树木所在家属院，在树的周围搭起了钢架，对树木进行固定，准备等相关设备到位之后砍伐这棵树。

就在钢架搭好后的第二天，天气突变，刮起了大风，大风将这棵大树吹倒，压在了居民的屋顶上，砸出了一个大洞。幸运的是，由于街道绿化队提前搭好了钢架，大树并没有伤及周围居民。

### （二）社会工作介入

大树倾倒之后，小王及时赶到现场查看受损情况，并对周边的居民进行疏散，并通知绿化部门对倾倒的树木进行清除。经过一个多小时的努力，工作人员将树木砍倒，并装车运走。随后社区又请来了房管部门，帮助居民对受损的屋顶进行维修，当天下午就修复完毕，没有对居民的生活产生影响。居民对社区工作的及时性、高效性表示满意。

对于类似情况，社区实行“一口受理”制度。社区服务站对居民实行

“一条龙服务”，每一位来到社区寻求服务的居民，只需找到一位社区工作者，该社区工作者会按照首问负责制为求助居民提供所需要的服务。对于超出该社区工作者能力范围的事物，则由该社区工作者向负责这方面工作的社会工作者寻求帮助。

除了“首问负责”制度，社区还创制了“定点联系”制度。“首问负责”制度指的是由居民最先找到的社区工作者负责为其提供服务。这个制度主要考虑到人际关系中的第一印象，社区工作者在长期的实践中发现，居民往往会对自己选择的社区工作者提供的服务更加满意。“定点联系”制度则是指尽量为居民安排一位固定的社区工作者，每次居民来到社区，都由这位社区工作者为他提供服务。这一制度主要建立在社区工作者和居民相互熟悉和信任的基础上，便于社区工作者更加有效地开展工作。

目前社区加强了网格化管理制度。本案例所在社区被划分为三个网格，每个网格有一位管理员和助理员，而且还有司法、公安、城管等部门的分管人员。网格管理员和助理员每隔数小时就到自己的辖区进行观察，及时发现问题并处理问题，使居民面临的问题得到及时解决。

## 二 社区工作者的心得体会

作为社区工作者，首先要对自己有一个正确的定位，要认识到自己是社区居民的服务者，自己的工作就是要帮助社区居民解决他们面临的问题。因此，应当在工作中树立为百姓服务的工作态度，要有责任心，不推卸责任，对工作要充满热情，发挥社会工作者的同理心，尽力将居民工作做到最好。良好的工作态度是做好社区工作的前提和关键。

社区工作者要坚持社区矛盾问题尽量在社区内解决的原则，对于居民反映的问题，优先利用社区居委会的力量进行解决，超出居委会能力范围的问题应及时上报，争取上级相关职能部门的帮助。社区工作者在开展工作时，要注意一些细节性的方法，要有礼貌、和善、热情，与居民交流要采用“大哥”、“阿姨”等亲切的称呼，拉近与居民之间的距离；在帮助服务对象解决困难的过程中，要及时向服务对象反馈问题处理的进展，向服务对象说明处理过程中出现的问题和影响因素，保障服务对象的知情权，这样即使介入工作失败，也能获得服务对象的谅解。同时，社区工作者应当对工作中可能出现的问题保持警觉，提前做好准备，防止意外事件发生。

## 三 案例点评

本案例注重在社区服务领域进行改革和创新，以下几点值得我们学习：

（1）在工作中体现了为居民服务的社区工作理念和社会工作专业同理心。

（2）将社区工作的重点放在了预防阶段，推出了一系列预防社区安全隐患的措施，对可能出现的问题进行评估，将出现的损失降到最小限度。

（3）注重社区工作的制度化建设，将社区工作中好的经验及时进行总结，形成高效的工作体制，并在实际工作中进行推广，提高了服务工作的效率和质量。

（4）在工作中注意与相关职能部门的联系，对于超出社区能力之外的工作及时向上级主管部门反馈并求助，更高效地为社区居民提供服务。

## 四 理论拓展

下面介绍系统理论及生态系统理论的完善之处。

### （一）系统理论

系统理论最早是作为生物学理论由奥地利理论生物学家 L. V. 贝特兰菲于 20 世纪 40 年代提出的。他认为变化可能出现于有机体各部分之间的互动。当时的理论趋向于一种简约化，即通过把整体分解为各个部分来理解整体。系统理论的出现改变了这一趋势，把系统看成一个由各种关系及与其他系统互动作为成长和变迁机制的整体。后来，这一理论被引入社会工作领域，形成了社会工作领域的一般系统理论，即认为个人是社会的组成部分，同时又是由其他系统组成的。系统理论的价值在于它着眼于“整体”，而不是仅仅分析人类或社会行为的部分要素。

系统理论的分析单位是社会系统，任何一种组织本身即为一个社会系统，而在社会系统之中又包含许多小社会系统。任何社会系统都具备四项基本功能：(1) 适应，当内外环境变动的时候，系统需要具备妥当的准备和相当的弹性，以适应新的变化来减轻紧张、摩擦的不良后果；(2) 达成目标，所有社会系统皆拥有界定其目标的功能，并会动员所有能力、资源来完成目标；(3) 模式维持，一面补充新成员，另一面又以社会化使成员接受系统的特殊模式；(4) 整合，维持系统之中各部分之间的协调团结，来确保系统并且对抗外来重大变故。

社区创新服务体制的着眼点就在于为社区居民创造良好的社区社会系统，通过完善社区服务保障居民从社区中获得更多的支持。

**(二) 生态系统理论的完善**

生态系统理论的内容在前面案例中已经做了相应介绍，不再赘述，在此仅介绍生态系统理论的完善之处。

生态系统理论是当今通才取向的社会工作实务最重要的理论，该理论在贝特兰菲的一般系统理论基础上，融合了布朗芬布伦纳的生态环境说，后经许多社会工作学者的发展，成为分析复杂的人类互动本质的有用框架。该理论在 20 世纪 70 年代开始对社会工作产生大的影响，至今已成为支配性理论。

布朗芬布伦纳认为贝特兰菲的模式假定系统内存在一种线性的因果关系，没有充分抓住在社会系统内出现的复杂动力。相对于纯粹的科学情境，人类社会系统中存在一些额外的环境因素，他将其称为生态环境。他认为不能孤立地看待人类的发展，必须将其放到人与环境关系的背景中去考察，而且必须考虑到每个人的环境是独特的。由此可以看到，布朗芬布伦纳进一步认识到了系统互动关系的复杂性以及系统之间存在的循环因果关系。

生态系统视角指导社会工作者跳出表面呈现的问题而把问题与服务对象所处的系统相关各部分联系起来看，考虑了环境对人的问题形成的影响，与之前的社会工作理论相比是一个很大的进步，为社会工作者进行干预提供了多元的方向。

## 五 资源链接

（1）滕五晓．社区安全治理：理论与实务．上海：上海三联书店，2012.

（2）王书梅．社区伤害预防和安全促进理论与实践．上海：复旦大学出版社，2010.

（3）万鹏飞，王贤乐，王进．安全社区创建指导手册．北京：中国社会出版社，2009.

## 六 案例涉及的行政资源

街道社区办、绿化办、地区房管部门等。

# 附录一 北京市社区管理办法（试行）

## 第一章 总 则

第一条 为加强社区建设，规范社区管理，发展基层民主，完善社区服务，促进社会和谐，根据国家有关法律、法规和政策，结合本市实际，制定本办法。

第二条 社区是指聚居在一定地域范围内的人们所组成的社会生活共同体。本办法所称的社区，是指经过社区体制改革后作了规模调整的社区居民委员会（以下简称社区居委会）辖区。

社区居委会的设立、撤销、规模调整，由所在区（县）人民政府决定。

第三条 指导思想。以邓小平理论和“三个代表”重要思想为指导，按照科学发展观的要求，以实现好、维护好、发展好居民群众在社区的共同利益为出发点和落脚点，创新社区管理体制和运行机制，健全社区公共服务体系，完善社区公共服务设施，增强社区民主自治功能，促进社区和谐稳定，努力为建设繁荣、文明、和谐、宜居的社会主义和谐社会首善之区奠定基础。

第四条 基本原则。

（一）加强领导，形成合力。按照“党委领导、政府负责、社会协同、公众参与”的要求，发挥党的领导和政府主导作用，发挥居民群众的主体作用，调动驻社区单位和各类组织的积极性，形成社区建设的整体合力。

（二）以人为本，服务群众。以社区群众的需求为导向，以社区群众的参与为动力，以社区群众的拥护为准则，使社区群众在社区建设中得实惠，让社区成员共享社区发展成果。

（三）与时俱进，改革创新。坚持解放思想、实事求是、与时俱进的思想路线，正确处理政府、市场、社会的关系，不断完善社区管理方法，不断创新社区服务方式。

（四）分类指导，循序渐进。根据社区的不同特点，有针对性地开展工作。既要着眼长远、整体推进，又要立足当前、稳步实施，促进社区建设全面、协调和可持续发展。

第五条 工作目标。按照党的十七大提出的“管理有序、服务完善、文明祥和”的要求，坚持服务功能完善、居住环境舒适、治安秩序良好、文化生活丰富、管理手段科学、人际关系和谐、公众参与广泛的工作标准，努力做到区域规划好、设施配置好、服务效能好、资源效益好、群众反映好。

## 第二章 组织体系

第六条 社区组织包括社区党组织、社区自治组织、社区服务站及社区各类社会组织等。

第七条 社区党组织是党在社区的基层组织，是党在社区全部工作和战斗力的基础，是社区各类组织和各项工作的领导核心。社区党组织由党员大会或党员代表大会选举产生，在街道党工委的领导下开展工作。其主要职责是：

（一）宣传和执行党的路线方针政策，宣传和执行上级党组织和本组织的决议，团结、组织干部群众努力完成社区各项任务。

（二）讨论决定本社区建设、管理和服务中的重要问题和重大事项。

（三）领导社区居民自治组织，支持和保证其依法充分行使职权，完善公开办事制度，推进社区居民自治；领导社区服务站和各类社区服务组织开展社区服务工作，创新社区服务机制，提高社区服务水平；领导社区群众组织，支持和保证其依照各自的章程开展工作。

（四）联系群众、服务群众、宣传群众、教育群众，反映群众的意见和要求，化解社会矛盾，维护社会稳定，把工作重点放到凝聚群众力量参与和谐社区建设、共同创造幸福生活上来。

（五）加强社区党建协调工作，指导社区社会组织党组织、新经济组织党组织开展党建工作；组织、协调驻区单位党组织开展区域性党建工作，促进资源共享。

（六）加强社区党组织自身建设，做好社区党员的教育管理和发展党员工作；与有关部门搞好社区流动党员的教育、管理和服务工作。

第八条 社区居民会议是社区居民依法行使民主管理权利的组织形式。社区居民会议有三种组成形式：由本居住地区全体十八周岁以上的居民组成；由每户派代表组成；由居民小组代表组成。其主要职责是：

（一）制定和修改本社区《居民自治章程》和《居民公约》。

（二）讨论、决定本社区建设的发展规划和年度计划，并监督实施。

（三）听取、审议社区居委会的年度工作报告和财务收支情况报告。

（四）对社区居委会及下属委员会、社区居委会成员的工作进行监督检查和民主评议。

（五）依法补选和罢免社区居委会成员，确认社区居委会成员的辞职申请。

（六）决定居住在本社区的流动人口是否参加居民会议及参加的比例和名额。

（七）讨论本社区建设管理和涉及本社区居民利益的其他重要事项。

第九条 社区居委会是社区居民自我管理、自我服务、自我教育、自我监督的基层群众性自治组织，由本居住地区居民依法选举产生。其主要职责是：

（一）宣传宪法、法律、法规和国家的政策，维护居民的合法权益，在社区党组织领导下依法实行民主选举、民主决策、民主管理和民主监督。

（二）召集和主持社区居民会议，定期向社区居民会议报告工作，执行社区居民会议的决定，完成社区居民会议提出的各项任务，教育、引导居民遵守社区居民会议的决定、《居民自治章程》和《居民公约》。

（三）依托社区服务站办理本社区居民的公共事务和公益事业，开展多种形式的社区便民利民服务活动，参与协调处理涉及社区成员利益的重大事项，开展共驻共建，整合社区资源，管理和维护本社区居委会财产，经社区居民会议讨论同意，筹集本社区公益事业资金，定期公开收支账目。

（四）组织开展社区教育、文化、科普和体育等多种形式的社会主义精神文明建设活动，教育居民争做文明市民、创建文明社区。

（五）指导、监督业主大会、业主委员会和物业管理工作。

（六）调解民间纠纷，协助维护社会治安，及时了解社情民意，向政府或其派出机构反映居民的意见、要求和提出建议。

（七）参与对本市各级政府和街道办事处相关工作的监督评议。

（八）结合本社区实际，完成其他工作任务。

社区居委会可下设若干居民小组。居民小组在社区居委会的领导下，协助做好本区域范围内的工作。居民小组可根据社区实际，采取楼委会、院委会、楼门自治小组等不同组织形式。

第十条　社区服务站是政府在社区层面设立的公共服务平台，在街道办事处的领导和政府职能部门的业务指导下开展工作，同时接受社区党组织的领导和社区居委会的监督。其主要职责是：

（一）代理代办政府在社区的公共服务。主要是协助政府职能部门办理本社区内各种公共服务事项，把政府公共服务延伸到社区，实现政府职能重心下移。

（二）组织开展社区公益服务。主要是协助社区居委会办理本社区居民的公共事务和公益事业。

（三）组织开展社区便民利民服务。主要是充分利用社区资源，动员社会力量，开展服务，方便居民生活。

（四）培育和壮大社区公益性服务组织，支持和引导社区社会组织积极发挥作用。

（五）及时了解反映社情民意。通过各种渠道，及时了解和反映社区居民意见和建议，并努力解决存在的问题；积极支持和配合社区居委会依法开展社区居民自治、开展人民调解，提供法律服务，维护社区和谐稳定。

（六）定期向街道办事处、社区党组织汇报工作，向社区居委会通报工作，接受社区居委会和居民群众的监督和评议。

社区服务站是非营利性公共服务机构，要坚持“依法、公开、高效、便民”的工作原则，为社区居民提供优质服务。

将各区（县）现有的社区工作站、社区居民事务办理站、社区事务代办站等社区事务办理服务机构，逐步整合过渡为统一的社区服务站，逐步实现与社区居委会职能分开，逐步在全市形成统一形象标识、统一项目设置、统一运行流程、统一服务规范、统一资源调配的公共服务网络。

适应工作需要，社区服务站要确保一定面积的工作用房。社区服务站原则上按每 500 户居民配备 1 名专职工作人员标准执行。社区服务站一般设站长、副站长各1名，原则上专设，也可由社区党组织或社区居委会负责人兼任；社区服务站工作人员面向社会公开招考，与街道（乡镇）签订服务协议，纳入社区工作者管理，其工作绩效接受社区居委会和居民群众的监督评议；社区党组织、社区居委会相关人员与社区服务站工作人员可视情况适度交叉任职。

第十一条 社区社会组织在法律允许范围内，按照各自章程，自主开展活动，充分发挥其扩大参与、提供服务、反映诉求和规范行为等方面的作用。对具有公益性质、服务居民的政务类、服务类社会组织，应简化登记手续，并以政府购买服务等形式予以扶持。

第十二条 社区志愿者组织积极引导社区居民参与社区公益性、福利性、群众性活动，开展各种自助、互助的社区志愿服务。社区党组织、社区居委会、社区服务站对社区志愿服务活动要加强指导、协调和支持。

第十三条 业主委员会是物业管理区域内代表全体业主按照“民主、自治、自律、公益”的原则对物业实施管理的组织，是业主大会的执行机构。业主委员会按市场规则聘请物业服务企业对房屋及配套的设施设备和相关场地进行维修、养护、管理，维护相关区域内的环境卫生和秩序。业主大会、业主委员会作出的决定，应当告知相关的社区居委会、社区服务站，并接受社区居委会的指导与监督，听取社区服务站的意见和建议。

第十四条 驻社区单位充分利用自身条件，发挥各自优势，主动配合、支持所在社区党组织、社区居委会和社区服务站开展工作，教育、引导本单位职工积极参与社区建设，共商社区事务，共享社区资源，共建社区家园。

## 第三章 治理机制

第十五条 坚持加强党的领导、完善居民自治和严格依法办事的有机统一，构筑与社会主义市场经济相适应的社区管理新模式，形成政府调控机制与社会协调机制互联、政府行政功能与社会自治功能互补、政府管理力量与社会协同力量互动的社区治理体制和运行机制，对社区进行有效覆盖和全面管理。

第十六条 建立健全多元治理机制。着眼提高社区运行效率，理顺和规范社区组织体系各主体之间的关系，推动形成以社区党组织为核心、以社区自治组织为基础、以社区服务站为依托、以社区社会组织为补充、驻社区单位密切配合、社区居民广泛参与的现代社区治理结构。

第十七条　建立健全居民自治机制。积极推进社区自治工作的制度化、规范化。培育居民自治意识，完善社区居民自治规章。健全社区居民会议制度，规范社区民主决策程序，提高民主决策水平。进一步完善社区议事协商会议和社区事务听证会制度，研究解决居住在社区的流动人口参与社区居民自治的有效途径。健全社区居委会内设委员会的工作体制，明确职责，发挥各委员会的作用。

第十八条　建立健全工作准入机制。坚持政府依法行政和居民依法自治的原则，进一步理顺和规范政府部门与社区的关系，减轻社区居委会工作负担。属于政府部门和单位承担的行政性职能和工作，原则上不得转移给社区居委会，不得以行政命令方式向社区居委会直接分派任务和下达指标，不得随意在社区设机构、挂牌子。对于社区居委会法定职责之外、确需依托社区居委会办理的行政性工作，应提供必要的经费保障及政策指导，并与同级社会建设部门协商同意后协调落实。

第十九条　建立健全资源共享机制。充分利用机关、团体、企事业单位内部设施资源，为社区居民服务。按照资源共享、互惠互利的原则，积极引导社区内或周边机关、团体、企事业单位将内部服务设施向社区居民开放，完善社区功能。

第二十条　建立健全民意表达机制。推行民情信箱、民情热线、民情日记、民情联络员、民情恳谈会等工作方法，健全完善分片包户、居民接待日、网上论坛等制度，充分发挥楼（门、院）长、居民组长、居民代表、社区志愿者的骨干作用，引导居民群众以理性、合法的形式表达个人意愿，进一步畅通民意诉求渠道。

第二十一条　建立健全监督评价机制。完善民主监督制度，组织居民有序开展监督评价活动。完善社区事务公示制度，公开办事制度和办事程序，保障居民群众的知情权、参与 权、选择权、监督权。充分发挥社区内人大代表和政协委员的作用，对社区事务进行有效监督。完善评议标准、评议方法，逐步建立健全评议监督体系。

第二十二条　建立健全表彰激励机制。市、区（县）政府对在社区建设工作中做出显著成绩的单位和个人给予表彰奖励。根据社区建设的实绩、水平和群众评价，对工作成绩突出、居民满意度高的社区工作者、基层组织、社会单位和先进个人进行评选表彰。

健全激励措施，探索激励办法，促进社区志愿服务经常化。

第二十三条 建立健全长效工作机制。完善社区各项规章制度，包括社区党组织工作制度、社区居委会工作制度、社区服务站工作制度、业主委员会工作制度、社区社会组织培育和参与制度等，实现社区管理规范化、制度化、科学化。

## 第四章 服务支持

第二十四条 按照政府主导、部门规划、街道组织、社会参与、社区落实的原则，建立与社会主义市场经济体制相适应、覆盖社区全体居民、服务主体多元、服务功能完善、服务质量优良和管理水平较高的社区服务体系，努力实现社区居民困有所助、难有所帮、需有所应。

第二十五条 推进公共服务进社区。强化政府公共服务职能，促进政府职能部门、街道办事处工作与社区工作的有效衔接，大力推进社区就业服务、社会保障服务、救助服务、公共卫生和计划生育服务、文化教育体育服务、公益法律服务、流动人口管理服务、治安服务以及环境绿化美化服务等公共服务体系建设，使政府公共服务覆盖社区。

第二十六条 增强社区服务功能。改造提升老旧居住区便民网点和商业服务设施，确保新建、改建居住区按规定比例设置便民利民服务网点。继续重点开展面向社区老年人、儿童、残疾人、贫困户、优抚对象、下岗失业人员、独生子女伤残死亡家庭等的帮扶救助服务。扶持社区家政服务，加快发展社区配送服务、代理服务，鼓励通过特许直营或连锁经营等方式，推动社区服务产业化。规范社区物业管理，维护业主合法权益，提高物业服务水平。

第二十七条 推广社区“一门式”服务。依托社区服务站，在社区开办“一门式”服务窗口，方便居民办事。

除法律、法规明确规定需在社区独立设置的工作平台外，逐步将其他各类工作站（所、中心）、活动站（室）等统一纳入社区服务站，由社区服务站按照“一窗多能、一岗多责、定岗定责”的原则统筹配备工作人员，完成相关工作任务。

第二十八条　创新和规范公共服务提供方式。通过政府“购买服务”、“合同外包”、“项目委托”等多种形式，将部分公共服务转交给专业化社会组织或社会机构承担，逐步实现公共服务专业化、社会化、市场化，推动政府、市场和社会共同服务社区。

第二十九条　完善服务设施。以社区常住人口规模、地域面积和功能定位为基本依据，采用新建、改造、调整、共享等多种方式，规划和配置好社区各类公共服务设施。充分考虑新建社区与原有社区、中心地段社区与边缘地区社区、商务区与纯居住区的不同条件和不同需求，实行统筹兼顾、合理配置。确保社区办公和服务用房与住宅区建设、旧城改造同步规划、同步设计、同步检查验收、同步投入使用。

鼓励社会各界将自有物业无偿或廉价提供给社区居委会和社区服务站使用。

社区各类组织应当合理利用社区服务设施，不得擅自改变其使用性质。

第三十条　推进社区信息化，建设数字社区。整合各类服务热线、呼叫热线、信息系统和资源，规范新建系统、调整在建系统、改进已建系统，加快互联互通，逐步实现“一网式”、“一号式”服务，构建市、区（县）、街道（乡镇）、居委会四级社区工作信息化平台。加快推进信息亭、信息服务自助终端等设施建设，实现协同服务、便民利民。

## 第五章　运行保障

第三十一条　加强统筹协调。市、区（县）党委和政府要加强对社区建设、管理、服务工作的领导，将社区建设纳入经济社会协调发展的整体规划，精心组织实施。建立社区建设工作统筹协调机制，在市、区（县）党委和政府的领导下，由市、区（县）社会建设工作领导小组及其办公室负责日常协调工作。各相关职能部门、人民团体按照各自职责共同做好社区建设工作。

（一）市、区（县）社会建设部门负责贯彻党委、政府关于社区建设的工作部署，牵头制定本市、区（县）社区建设的总体规划、有关政策并组织实施；统筹协调和监督社区建设的相关工作；提出加强社区建设的意见、建议；开展调查研究，总结推广社区建设的先进典型经验；指导基层开展社区建设工作。

（二）市、区（县）社会建设工作领导小组各成员单位，按照各自的职责，支持和参与本地区社区建设。

（三）街道办事处负责组织实施本辖区社区建设工作规划和年度计划；领导社区服务站办理社区公共服务和公益事业等工作；依法指导社区居委会开展社区自治，指导和监督辖区居委会的民主选举、民主决策、民主管理和民主监督；整合辖区内社区建设资源，协调解决社区建设中的困难和问题；监督政府有关职能部门在社区开展的工作；负责本辖区社区工作者培训；搞好社区设施建设、管理；建立健全社区服务网络。

第三十二条 加强社区物业管理和服务。市、区（县）物业行政管理部门与街道党工委、街道办事处、社区党组织、社区居委会和社区服务站建立沟通渠道，及时了解业主委员会、物业服务企业在社区内的工作情况，支持、配合社区党组织、社区居委会和社区服务站做好社区管理和服务工作。

第三十三条 加大社区建设经费投入。按照“费随事转”的原则，凡属政府事权范围内的事项，原则上由政府投入。下列社区建设经费纳入政府财政年度预算管理。

（一）社区党组织、社区居委会和社区服务站的工作经费。

（二）社区工作者的工资、福利待遇。

（三）社区服务设施建设管理、运营、维护等经费。

（四）社区信息网络建设及管理、运营、维护等经费。

落实社区公益事业专项补助资金。建立社区建设经费增长机制，适当增加对财力相对薄弱区（县）的转移支付。

第三十四条 建立社区多元投入机制。探索建立政府投入与社会投入相结合、无偿服务与有偿服务相结合、社会化与产业化相结合的社区事业投入和发展机制，广泛吸引社会力量和社会资金兴办社区基础设施。

完善公共财政政策，研究转移支付、定向补助等不同的财政扶持政策，在社区公共管理和公共服务领域加大政府购买服务的力度。

第三十五条 加强对经费使用的管理和监督。健全社区各项工作经费的财务管理制度，规范社区工作经费的核定、审批、使用等各个环节，强化专项资金审计监督，确保社区各项经费到位，做到专款专用。社区实行财务公开，收支情况定期公布，接受居民监督。

对政府投入经费及接受无偿捐赠所形成的国有资产，按照分级管理的原则，由各级政府进行监督管理，具体使用者负责国有资产的安全完整，防止国有资产流失。

## 第六章　队伍建设

第三十六条　切实加强社区工作者队伍建设。完善以培养、选拔、使用、激励为主要内容的政策措施，拓宽选人视野，优化人员结构，提高队伍素质，努力造就一支数量充足、结构合理、素质较高、乐于奉献的社区工作者队伍。

第三十七条　推进社区工作者的职业化、专业化进程。社区工作者特别是新招录的社区服务站工作人员，一般要持有国家社会工作者（社会工作师、助理社会工作师）职业水平证书或北京市社区专职工作者执业资格证书（有效期内）；在岗社区工作者未取得职业水平证书的，应鼓励其通过岗位培训、学历教育等方式取得职业水平证书。

建立健全社区工作者的录用、考评、教育培训等各项制度。

第三十八条　规范社区工作者的工资待遇。根据社区工作者的岗位、工作年限、工作实绩，确定其相应的等级工资待遇，落实各项社会保障措施。随着全市和各区（县）经济水平的提高，不断提高社区工作者的收入水平。

第三十九条　加强社区志愿者队伍建设。充分发挥共产党员、共青团员的先锋模范作用，支持、动员、激励国家公职人员、专家学者、专业技术人员、教师、青少年学生以及身体健康的离退休人员等参与社区志愿服务。按照社区志愿者的特长组建多种类型、多个层次的社区志愿者队伍，形成功能齐全、方便快捷的社区志愿服务网络。积极推行社区志愿者注册制度。

第四十条　提升社区各类服务组织从业人员素质。积极吸引各类专业技术人才参与社区服务，壮大服务队伍，加强岗位职业培训，努力提高社区服务组织从业人员的职业道德水平和业务水平。

## 第七章　附则

第四十一条　市有关部门应根据本办法制定配套政策措施，各区（县）可根据本办法制定具体实施细则。

第四十二条　本办法自发布之日起试行。

# 附录二 北京市社区工作者管理办法（试行）

第一条 为适应新时期社区建设需要，建设一支政治素质好、业务能力强、服务水平高的专业化、职业化社区工作队伍，提高社区管理和服务水平，根据国家有关法律、法规和政策精神，结合本市实际，制定本办法。

第二条 本办法所称社区工作者，是指在社区党组织、社区居委会和社区服务站专职从事社区管理和服务、并与街道（乡镇）签订服务协议的工作人员。

第三条 社区工作者的基本职责。

（一）贯彻执行党的路线、方针、政策和国家法律、法规，教育和引导居民遵纪守法，自觉履行依法应尽的义务。

（二）执行党组织的决定、决议和社区居民会议的决定、意见，办理本社区居民的公共事务和公益事业，维护居民的合法权益。

（三）组织、协调社区单位开展区域性共建活动，团结带领社区居民开展精神文明创建活动，积极培育社会组织，调动社会力量开展便民利民的社区服务活动，建设管理有序、服务完善、文明祥和的新型社区。

（四）认真听取并积极反映社区居民的意见和建议，做好社区居民的思想疏导工作。

（五）协助政府及有关部门做好与社区居民利益相关的社会治安、公共卫生、社会保障、就业服务、帮扶救助等工作。

各区（县）、街道（乡镇）可根据社区工作者的不同岗位，按照责任、权利与义务相统一原则，制定社区工作者岗位职责的详细规定。

第四条 社区工作者通过选任和公开招录等方式配备，其人数由各区（县）依据国家和北京市有关规定，结合工作需要和社区规模确定，并报市政府主管部门备案。

（一）关于选任的社区工作者。

1. 社区党组织中的专职工作者。按照《中国共产党章程》、《中国共产党基层组织选举工作暂行条例》和《北京市城市社区党组织工作若干规定（试行）》参加选举当选的、或被任命为社区党组织成员的专职人员，与街道（乡镇）签订服务协议，办理相关手续，纳入社区工作者范畴管理。

2. 社区居委会中的专职工作者。按照《中华人民共和国城市居民委员会组织法》和本市的有关规定参加选举、当选为社区居委会成员的专职人员，与街道（乡镇）签订服务协议，办理相关手续，纳入社区工作者范畴管理。

（二）关于招录的社区工作者。

除上述社区党组织、社区居委会选任的社区工作者外，在社区服务站配备的专职工作人员，也纳入社区工作者队伍管理。社区服务站专职工作人员按照专业化、职业化的要求，采取公开招考的办法录用。招录工作在市有关部门的指导下，由各区（县）按照“公开、平等、竞争、择优”的原则组织实施。

招录对象应当具备如下基本条件：（1）模范遵守国家的法律、法规，政治素质好，责任心强。（2）热爱社区工作，具有一定的组织协调能力和相关业务知识。（3）品行端正，身体健康，年龄一般在 40 岁以下。（4）具有大专以上（应届毕业生大学本科以上）学历。（5）具有本市城镇户口。

第五条　社区工作者的待遇。

（一）社区工作者的基本待遇，包括基本工资、职务年限补贴、奖金和其他待遇四部分。

1. 基本工资。社区工作者基本工资分三档，正职每人每月 720 元，副职每人每月 640 元，一般工作人员每人每月 590 元。

2. 职务年限补贴。社区工作者根据所在岗位、在社区工作的实际年限享受职务年限补贴。各岗位起点职务年限补贴分别为：正职每人每月 960 元，副职每人每月 845 元，一般工作人员每人每月 740 元。在年度考核的基础上，对考核合格及以上等次的工作人员每年增长一次年限补贴，增长幅度为每人每月 50 元。在社区工作未满一年的只享受起点职务年限补贴。岗位发生变化的，套新岗位职务年限补贴标准，其年限以在社区实际工作时间累计计算。城八区从 2000 年第四届社区居委会选举产生当月开始计算，其他区（县）从2003年第五届社区居委会选举产生当月开始计算。

3. 奖金。奖金实行总额包干，按照平均每人每年3600元的标准核定总额。奖金发放时应由街道（乡镇）根据社区工作者岗位和考核情况拉开档次。各区（县）还可根据本区（县）实际，适当上浮社区工作者奖金标准。

4. 其他待遇。按照市有关规定，社区工作者参加基本养老、医疗、失业、工伤、生育等社会保险，享受独生子女费和住房公积金。各区（县）还可根据本地区经济社会发展水平和社区工作实际，适当增加其他待遇，具体项目及标准报市政府主管部门备案。

社区工作者中，社区党组织书记、社区居委会主任、社区服务站站长，享受正职待遇；社区党组织副书记、社区居委会副主任、社区服务站副站长，享受副职待遇；其他工作人员，享受一般工作人员待遇。交叉任职人员，按照“兼职不兼酬、就高不就低”的原则，享受相应待遇。

（二）社区工作者通过国家社会工作者职业水平考试，获得社会工作师职业水平证书的，自完成登记注册当月起，每人每月增加职业水平补贴80元；获得助理社会工作师职业水平证书的，自完成登记注册当月起，每人每月增加职业水平补贴50元。各区（县）可根据实际，在此基础上适当提高职业水平补贴标准。

（三）在社区党组织、社区居委会中全职从事社区工作的离退休人员，享受相应的生活补贴，其标准参照本条第一款规定的职务年限补贴和奖金执行。

（四）招录的社区工作者，男年满60周岁、女年满55周岁，办理退休手续；通过选任方式产生的社区工作者，可根据工作需要，至本届任职期满后再办理退休手续。社区工作者退休后纳入社会化管理，按照《北京市基本养老保险规定》（市政府令第183号）及相关规定执行。

第六条 社区工作者的管理。

（一）实行服务协议制度。根据《中华人民共和国劳动合同法实施条例》等法规，由街道（乡镇）与符合条件的社区工作者签订服务协议。社区党组织、社区居委会成员实行一届一签；社区服务站专职工作人员服务协议期限由各区（县）研究确定。《北京市社区工作者服务协议》文本由全市统一式样，各区

（县）根据需要，可在协议文本中做出补充规定。

（二）建立考核评议制度。社区工作者服务期间实行年度考核评议制度。由街道（乡镇）指导各社区成立由居民代表、驻社区单位代表、街道（乡镇）职能科室等参加的考评委员会，每年年终对社区工作者进行年度考核。考核结果分为优秀、合格、基本合格、不合格四个等次。考核要以社区工作者的年度工作任务完成情况和社区居民满意率为主要依据。根据年度考核结果，按照有关规定对社区工作者实施奖惩。

（三）完善教育培训制度。按照专业培训、分级负责的原则，建立健全社区工作者的教育培训机制。市有关部门负责制订培训方案和培训计划，组织编写培训教材和师资培训。根据全市统一安排，区（县）组织社区工作者每年参加一次集中培训，培训结果计入社区工作者工作档案，并作为年度考核评议的依据之一。

（四）健全档案管理制度。街道（乡镇）应健全完善社区工作者的工作档案，建立数据库。档案内容包括：社区工作者本人的基本情况、在社区工作起始时间、岗位变化情况、考核评议、培训和表彰等情况。城八区社区工作者的工作档案从 2000 年第四届社区居委会选举产生时开始建立，其他区（县）的从 2003 年第五届社区居委会选举产生时开始建立。

社区工作者档案关系由所在区（县）指定的服务机构进行代理。

（五）实行弹性工时制度。为方便居民群众利用工休时间在社区办理相关事务，社区居委会和社区服务站可实行弹性工时制。在确保满足群众服务需求和保证每周工作时间不少于 40 小时的前提下，可根据实际情况，确定相对灵活的上下班时间和各班次的工作人数，安排好工休时间和节假日工作值班。

（六）探索职业资格制度。适应社区工作专业化、职业化需求，逐步建立健全职业资格制度。社区工作者特别是新招录的社区服务站工作人员，一般要持有国家社会工作者（社会工作师、助理社会工作师）职业水平证书或北京市社区专职工作者执业资格证书（有效期内）；已在社区工作者岗位工作未取得职业水平证书的人员，应鼓励他们通过岗位培训、学历教育等方式取得职业水平证书。

第七条　社区工作者的表彰奖励。市、区（县）党委、政府对在社区建设中做出显著成绩的优秀社区工作者给予表彰奖励。根据社区工作者的工作实绩和群众评价，对工作业绩突出、居民群众满意度高的社区工作者，分层次、分系统地进行评选表彰，充分调动广大社区工作者的积极性。

第八条 目前已在社区党组织、社区居委会从事社区管理和服务的专职人员，其签订的聘用合同继续有效，可按照本办法有关规定享受相应待遇（其待遇从 2008 年 1 月 1 日起调整）。自下届换届选举后，符合本办法有关规定的人员，统一实行服务协议制度，享受本办法规定待遇。

目前已在社区服务站工作的相关人员，可按照本办法第四条第二款有关规定参加公开招录，符合条件的，录用为社区工作者，并与街道（乡镇）签订服务协议，享受相应待遇；未达到招录条件的，或通过在岗培训、逐步使之达到条件，或通过转岗进行妥善安置。各区（县）要根据实际，制定具体过渡办法。

第九条 在社区党组织、社区居委会中兼职从事社区工作的人员，也应给予一定补贴。其待遇和相关管理规定由各区（县）根据具体情况研究确定。

第十条 社区工作者待遇经费由区（县）财政负担。

第十一条 各区（县）可根据本办法制定具体实施细则。本办法施行后，国家另有规定的，按照有关规定执行。

第十二条 本办法自发布之日起试行。《北京市社区专职工作者管理意见》（京人发〔2002〕89 号）和《关于进一步加强社区专职工作者队伍建设的指导意见》（京民基发〔2005〕298 号），自本办法试行之日起，自行废止。

# 附录三　北京市社区基本公共服务指导目录（试行）

| 序号 | 服务类型 | 服务项目 | 服务内容 | 市、区县主责部门 |
|---|---|---|---|---|
| 1 | 一、社区就业服务 | 社区劳动就业咨询服务 | 在社区开展有关劳动就业、社会保障、劳动维权和劳动监察方面的法律、法规和相关政策的宣传、咨询服务。 | 人力社保局 |
| 2 | | 社区职业介绍服务 | 为社区失业人员建立动态管理服务台账，掌握就业需求，提供求职登记、职业介绍等服务，采集空岗信息，开发就业岗位；协助做好辖区内用工单位基本信息和劳动用工信息的采集、更新。 | 人力社保局 |
| 3 | | 社区就业困难人员再就业服务 | 为社区就业困难人员建立再就业援助台账，提供就业服务信息和就业“托底”安置人员认定服务。 | 人力社保局 |
| 4 | | 社区“零就业家庭”就业帮扶服务 | 及时了解社区“零就业家庭”就业服务需求，建立就业服务台账，对“零就业家庭”劳动力开展一对一帮扶服务。 | 人力社保局 |
| 5 | | 社区自主创业就业服务 | 开展社区自谋职业（自主创业）、灵活就业人员就业服务，为信用社区小额担保贷款申请人提供信用调查和开展贷后跟踪服务。 | 人力社保局 |
| 6 | 二、社区社会保障服务 | 社区老年人（残疾人）居家养老服务 | 为社区80周岁以上老年人、16～59周岁无工作的重度残疾人和60～79周岁的重度残疾人每人每月发放100元养老（助残）券，用于购买生活照料、家政服务、康复护理等方面的基本生活服务。 | 民政局、残联 |
| 7 | | 社区老年人（残疾人）就餐送餐服务 | 通过餐饮企业，为社区老年人（残疾人）提供安全的配餐、就餐和送餐服务。 | 民政局、残联、卫生局、商务委 |
| 8 | | 社区老年人（残疾人）出行服务 | 为街道、乡镇配发养老（助残）无障碍服务车，方便社区老年人（残疾人）参加社会活动。 | 民政局、残联 |

续前表

| 序号 | 服务类型 | 服务项目 | 服务内容 | 市、区县主责部门 |
|---|---|---|---|---|
| 9 | 二、社区社会保障服务 | 社区老年人（残疾人）精神关怀服务 | 依托“96156”社区服务热线，通过多种方式，为社区老年人（残疾人）提供相关电话咨询、上门服务以及居家精神关怀服务。 | 民政局、残联 |
| 10 | | 社区老年人（残疾人）电子辅助服务 | 逐步为有使用需求并具备使用能力的社区65周岁以上的老年人和16～64岁的重度残疾人配备便携式“小帮手”电子服务器，提供相关电子信息服务。 | 民政局、残联 |
| 11 | | 社区老年人（残疾人）优待服务 | 为社区60～64周岁老年人办理优待证，为65周岁以上老年人办理优待卡，为90周岁以上老年人发放高龄津贴，为100周岁以上老年人办理医疗补助；为社区残疾人办理残疾人证。 | 民政局、残联 |
| 12 | | 社区残疾人温馨家园服务 | 推进残疾人温馨家园建设，为社区残疾人提供职业康复、日间照料等满足其特殊需求的专项服务。 | 残联 |
| 13 | | 社区残疾人无障碍设施建设服务 | 为社区有需求的残疾人家庭实施无障碍设施改造，给居家生活的残疾人提供洗澡、如厕、做饭、户内活动等方面的便利；协调产权人（部门）对社区居委会、服务站、卫生服务机构等居住区内公共服务设施和居民楼入口进行无障碍改造。 | 残联、民政局、规划委、住建委 |
| 14 | | 社区老年人信息档案服务 | 为社区全部老年人建立信息档案，为80周岁以上的老年人和60～79岁重度残疾人以及其他有服务需求的老年人建立居家养老服务信息档案。 | 民政局、残联 |
| 15 | | 社区企业退休人员服务 | 为社区内企业退休人员提供社会化医疗费报销服务，在社区开展享受社会保险待遇居民的资格认证工作，开展城乡无保障老年居民福利性养老金、城乡居民养老保险、医疗保险的申请登记、公示核实、受理报销等工作。 | 人力社保局 |
| 16 | | 社区托老（残）服务 | 利用养老院或社区托老（残）所，为老年人（残疾人）提供日间照料和康复护理服务。 | 民政局、残联 |

续前表

| 序号 | 服务类型 | 服务项目 | 服务内容 | 市、区县主责部门 |
| --- | --- | --- | --- | --- |
| 17 | 三、社区社会救助服务 | 社区低保人员救助服务 | 为社区低保对象提供登记公示和相关信息报送服务，核实家庭基本情况，切实做到“应保尽保”。 | 人力社保局、民政局 |
| 18 | | 社区特殊群体帮扶服务 | 对社区困难家庭、优抚对象、未成年人、残疾人、流动人口等特殊群体提供帮扶救助服务。 | 民政局、残联、流管办、团委 |
| 19 | | 社区临时救助服务 | 为社区居民提供登记和相关信息报送服务，缓解其因病因灾导致的临时性、突发性困难。 | 民政局 |
| 20 | 四、社区卫生和计划生育服务 | 社区公共卫生和基本医疗服务 | 依托社区卫生服务机构，开展以疾病预防、医疗、保健、康复、健康教育和计划生育技术服务以及一般常见病、多发病的诊疗服务为主要内容的社区卫生服务。 | 卫生局 |
| 21 | | 社区居民健康档案服务 | 为社区居民提供健康档案服务，依据健康档案，在居民自愿的基础上实行居民健康管理。 | 卫生局 |
| 22 | | 社区居民转诊服务 | 社区卫生服务机构与有关医院按照卫生行政部门规定建立双向转诊关系，指导社区居民合理转诊，提供相应的便利服务。 | 卫生局 |
| 23 | | 社区计划生育服务 | 开展社区生殖健康科普宣传教育服务，对育龄人群开展婚前健康教育和优生指导，对已婚育龄妇女开展计划生育随访服务；开展社区全员人口个案信息采集服务，为居民办理《生育服务证》和《独生子女父母光荣证》开具证明；免费发放避孕药具。 | 人口计生委 |
| 24 | | 社区独生子女家庭服务 | 为社区独生子女家庭提供相关奖励扶助等服务。 | 人口计生委 |
| 25 | | 社区急救保健服务 | 在社区开展急救、保健、健康教育、博爱超市等服务。 | 红十字会 |
| 26 | 五、社区文化教育体育服务 | 社区群众文化服务 | 加强社区文体场所设施建设，组织开展各具特色的群众性文化活动，开展露天演出，放映公益电影等，丰富居民群众精神文化生活；依托社区及辖区单位，面向社区青少年、青年组织，开展交友、娱乐、读书、课外学习等活动和服务。 | 文化局、体育局、民政局、团委 |

续前表

| 序号 | 服务类型 | 服务项目 | 服务内容 | 市、区县主责部门 |
|---|---|---|---|---|
| 27 | 五、社区文化教育体育服务 | 社区教育培训服务 | 利用市民学校、人口文化学校等和相关宣传栏，开展多种形式的教育培训活动，不断满足各类居民的学习需求。 | 宣传部、文明办、教委、人口计生委 |
| 28 | | 社区早教服务 | 整合各类教育服务资源，逐步开展0～3岁婴幼儿的早期教育服务。 | 教委、人口计生委 |
| 29 | | 社区中小学生社会实践服务 | 为社区中小学校开展爱国主义教育、素质教育和社会实践活动提供便利条件，方便在校学生按照要求参加研究性学习、社区服务与社会实践活动。 | 教委、宣传部、社会办 |
| 30 | | 社区科普服务 | 依托社区科普画廊，开展科普宣传服务。在具备条件的社区建立科普活动室和户外科普设施，不断提高民生科技的社区应用和服务水平。 | 科委、科协、宣传部 |
| 31 | | 社区居民阅览服务 | 加强社区图书馆、社区益民书屋等场所建设，配备图书、报纸杂志以及部分音像制品，方便居民读书阅报。 | 文化局、新闻出版局 |
| 32 | | 社区体育设施建设服务 | 加强社区全民健身居家工程建设与管理，定期对健身器材进行维护与更新。在具备条件的社区，根据居民需求，建设集健身组织、健身场地、健身活动于一身的社区体育健身俱乐部。 | 体育局 |
| 33 | | 社区群众性体育组织建设服务 | 建立社区全民健身体育协会和各类社区群众体育组织，按照要求设立社区晨、晚练辅导站，配备社会体育指导员，为社区居民提供健身指导服务。 | 体育局 |
| 34 | | 社区群众体育健身服务 | 组织开展经常性、日常性、传统性、品牌性的社区体育比赛和各级各类健身活动，增强活动特色和吸引力，提高体育生活化水平。 | 体育局 |
| 35 | | 社区居民体质测试服务 | 开展社区成年人体质测定服务，为居民建立体质健康档案。 | 体育局 |
| 36 | | 社区健身宣传培训服务 | 在社区举办全民健身大课堂讲座，订阅体育报刊、杂志、宣传材料，经常举办体育骨干技能培训。 | 体育局 |

续前表

| 序号 | 服务类型 | 服务项目 | 服务内容 | 市、区县主责部门 |
|---|---|---|---|---|
| 37 | 六、社区流动人口和出租房屋服务 | 社区流动人口服务 | 为居住、工作、生活在社区内的流动人口提供信息采集登记、有关法规政策宣传、开具在本社区居住的有关证明等服务，并结合实际为其提供就业和维权服务信息、计划生育和服务流程告知等服务。 | 综治办、流管办、人力社保局、人口计生委 |
| 38 | | 社区出租房屋相关服务 | 对社区内出租房屋进行信息采集登记，宣传房屋租赁有关法规政策，告知房屋出租人依法履行纳税义务，并可受房屋出租人委托代办出租房屋税收缴纳。 | 综治办、流管办 |
| 39 | 七、社区安全服务 | 社区治安状况告知服务 | 建立治安警情通报制度，定期向社区群众公示社区治安情况，增强群众安全防范意识。 | 公安局、综治办 |
| 40 | | 社区治安服务 | 加强专职巡防队伍建设，维护本地区治安和城市秩序，为社区居民提供巡逻和防控服务；发展壮大社区治安志愿者队伍，协助专门机关做好巡逻防范、矛盾调解、隐患排查等工作。 | 综治办、公安局 |
| 41 | | 社区矫正服务 | 为社区矫正对象提供教育矫正，帮助其解决就业、生活、法律方面遇到的困难和问题等服务。 | 司法局 |
| 42 | | 社区帮教安置服务 | 为社区刑释解教帮教安置对象提供帮扶、教育等服务。 | 司法局 |
| 43 | | 社区禁毒宣传服务 | 推进社区禁毒组织网络建设，组织开展禁毒宣传教育服务。 | 公安局 |
| 44 | | 社区青少年自护和不良青少年帮教服务 | 针对影响社区青少年健康成长的普遍性问题，开设青少年成长课堂，开展青少年安全自护教育服务；建立青少年法制教育组织体系，为不良行为青少年提供帮扶、教育和转化服务。 | 团委、教委、司法局 |
| 45 | | 社区法律服务 | 为社区居民提供法律宣传、法律咨询等服务。 | 司法局 |
| 46 | | 社区消防安全服务 | 推进社区消防设施建设，组织开展消防宣传教育培训、家庭消防灭火和逃生演习。 | 公安局 |
| 47 | | 社区安全稳定服务 | 加强社区安全稳定信息员和人民调解员队伍建设，及时掌握安全稳定信息，积极开展人民调解工作，为居民调解矛盾纠纷，妥善处置社区各类安全隐患。 | 综治办、司法局、信访办、公安局 |

续前表

| 序号 | 服务类型 | 服务项目 | 服务内容 | 市、区县主责部门 |
| --- | --- | --- | --- | --- |
| 48 | 七、社区安全服务 | 社区应急服务 | 结合实际，为社区居民提供应急知识宣传教育、应急演练服务。 | 应急办 |
| 49 | | 社区警务设施和警力配备服务 | 依托社区警务工作站，按照要求配备社区民警，开展社区安全服务。 | 公安局 |
| 50 | | 社区物技防设施建设服务 | 指导建设单位和物业服务企业加强新建小区的物技防设施建设和管理；督促各地区落实属地责任，加强老旧小区的物技防设施建设。在具备条件的社区实行封闭式管理。 | 综治办、公安局、住建委 |
| 51 | 八、社区环境美化服务 | 社区环境综合治理服务 | 开展社区垃圾分类处理、噪声污染治理等服务；为社区开展排水和水资源循环利用工作提供政策咨询服务。 | 市政市容委、文明办、水务局、环保局 |
| 52 | | 社区绿化美化服务 | 开展社区绿化美化和义务植树活动，提高居民植绿、护绿、爱绿意识；倡导低碳生活方式，推行绿色消费理念，推进身边建绿、身边护绿工作。 | 园林绿化局、城管执法局 |
| 53 | | 社区环境保护服务（绿色社区创建） | 开展形式多样的社区环境宣传教育活动，倡导绿色生活方式，引导居民参与环保活动，树立良好的保护环境、文明养犬等环境道德和行为规范，对违规养犬行为视情节依法进行查处。 | 宣传部、文明办、环保局、公安局、城管执法局 |
| 54 | | 社区节能服务 | 大力宣传普及节能知识和生活节能常识，倡导居民使用节能型生活器具，开展节能活动。 | 发改委、宣传部 |
| 55 | | 社区市政公共设施建设服务 | 为社区提供天然气、煤气、宽带、有线电视、电话等市政公共设施，对出现问题的市政设施及时修补或更换。 | 市政市容委、经信委 |
| 56 | 九、社区便利服务 | 社区便民商业服务 | 积极开发、设置社区菜市场（或便民菜店）、便利店、早餐、洗衣、美容理发、再生资源回收、邮政等服务网点，合理布局，提高居民生活便利度。 | 商务委、民政局、社会办 |
| 57 | | 社区家政服务 | 依托“96156”社区公共服务平台和北京家政服务网，为社区居民开展小时工、家政服务员、月嫂等家政服务。 | 民政局、人力社保局、妇联 |
| 58 | | 社区代收代缴服务 | 鼓励社区具有支付服务功能的商业网点、社区服务站增设“代收代缴服务点”内容，为居民提供代收水费、电费、煤气费、电话费等服务。 | 商务委、民政局、社会办 |

续前表

| 序号 | 服务类型 | 服务项目 | 服务内容 | 市、区县主责部门 |
| --- | --- | --- | --- | --- |
| 59 | 十、其他服务 | 社区心理咨询服务 | 开展社区心理健康咨询服务，加强对居民的人文关怀和心理疏导。 | 卫生局、社会办、民政局 |
| 60 | | 社区网络信息服务 | 依托电脑、电话、网络、呼叫器等设施，建立社区现代信息化网络阵地，方便居民通过社区综合信息平台参与管理、反映诉求、获得服务。 | 民政局、社会办、经信委 |

# 附录四 人民调解委员会组织条例

（一九八九年五月五日国务院第四十次常务会议通过，一九八九年六月十七日中华人民共和国国务院令第三十七号发布，自发布之日起施行）

第一条 为了加强人民调解委员会的建设，及时调解民间纠纷，增进人民团结，维护社会安定，以利于社会主义现代化建设，制定本条例。

第二条 人民调解委员会是村民委员会和居民委员会下设的调解民间纠纷的群众性组织，在基层人民政府和基层人民法院指导下进行工作。

基层人民政府及其派出机关指导人民调解委员会的日常工作由司法助理员负责。

第三条 人民调解委员会由委员三至九人组成，设主任一人，必要时可以设副主任。

人民调解委员会委员除由村民委员会成员或者居民委员会成员兼任的以外由群众选举产生，每三年改选一次，可以连选连任。

多民族居住地区的人民调解委员会中，应当有人数较少的民族的成员。

人民调解委员会委员不能任职时，由原选举单位补选。

人民调解委员会委员严重失职或者违法乱纪的，由原选举单位撤换。

第四条 为人公正，联系群众，热心人民调解工作，并有一定法律知识和政策水平的成年公民，可以当选为人民调解委员会委员。

第五条 人民调解委员会的任务为调解民间纠纷，并通过调解工作宣传法律、法规、规章和政策，教育公民遵纪守法，尊重社会公德。

人民调解委员会应当向村民委员会或者居民委员会反映民间纠纷和调解工作的情况。

第六条 人民调解委员会的调解工作应当遵守以下原则：

（一）依据法律、法规、规章和政策进行调解，法律、法规、规章和政策没有明确规定的，依据社会公德进行调解；

（二）在双方当事人自愿平等的基础上进行调解；

（三）尊重当事人的诉讼权利，不得因未经调解或者调解不成而阻止当事人向人民法院起诉。

第七条　人民调解委员会根据当事人的申请及时调解纠纷；当事人没有申请的，也可以主动调解。

人民调解委员会调解纠纷可以由委员一人或数人进行；跨地区、跨单位的纠纷，可以由有关的各方调解组织共同调解。

人民调解委会调解纠纷，可以邀请有关单位和个人参加，被邀请的单位和个人应当给予支持。

第八条　人民调解委员会调解纠纷，应当在查明事实、分清是非的基础上，充分说理，耐心疏导，消除隔阂，帮助当事人达成协议。

调解纠纷应当进行登记，制作笔录，根据需要或者当事人的请求，可以制作调解协议书。调解协议书应当有双方当事人和调解人员的签名，并加盖人民调解委员会的印章。

第九条　人民调解委员会主持下达成的调解协议，当事人应当履行。

经过调解，当事人未达成协议或者达成协议后又反悔的，任何一方可以请求基层人民政府处理，也可以向人民法院起诉。

第十条　基层人民政府对于人民调解委员会主持下达成的调解协议，符合法律、法规、规章和政策的，应当予以支持；违背法律、法规、规章和政策的，应当予以纠正。

第十一条　人民调解委员会调解民间纠纷不收费。

第十二条　人民调解委员会委员必须遵守以下纪律：

（一）不得徇私舞弊；

（二）不得对当事人压制、打击报复；

（三）不得侮辱、处罚当事人；

（四）不得泄露当事人的隐私；

（五）不得吃请受礼。

第十三条　各级人民政府对成绩显著的人民调解委员会和调解委员应当予以表彰和奖励。

第十四条　对人民调解委员会委员，根据情况可以给予适当补贴。

人民调解委员会的工作经费和调解委员的补贴经费，由村民委员会或者居民委员会解决。

第十五条　企业、事业单位根据需要设立的人民调解委员会，参照本条例执行。

第十六条　本条例由司法部负责解释。

第十七条　本条例自发布之日起施行。1954 年 3 月 22 日原中央人民政府政务院公布的《人民调解委员会暂行组织通则》同时废止。

# 附录五 法律援助条例

## 第一章 总 则

第一条 为了保障经济困难的公民获得必要的法律服务，促进和规范法律援助工作，制定本条例。

第二条 符合本条例规定的公民，可以依照本条例获得法律咨询、代理、刑事辩护等无偿法律服务。

第三条 法律援助是政府的责任，县级以上人民政府应当采取积极措施推动法律援助工作，为法律援助提供财政支持，保障法律援助事业与经济、社会协调发展。

法律援助经费应当专款专用，接受财政、审计部门的监督。

第四条 国务院司法行政部门监督管理全国的法律援助工作。县级以上地方各级人民政府司法行政部门监督管理本行政区域的法律援助工作。

中华全国律师协会和地方律师协会应当按照律师协会章程对依据本条例实施的法律援助工作予以协助。

第五条 直辖市、设区的市或者县级人民政府司法行政部门根据需要确定本行政区域的法律援助机构。

法律援助机构负责受理、审查法律援助申请，指派或者安排人员为符合本条例规定的公民提供法律援助。

第六条 律师应当依照律师法和本条例的规定履行法律援助义务，为受援人提供符合标准的法律服务，依法维护受援人的合法权益，接受律师协会和司法行政部门的监督。

第七条 国家鼓励社会对法律援助活动提供捐助。

第八条 国家支持和鼓励社会团体、事业单位等社会组织利用自身资源为经济困难的公民提供法律援助。

第九条 对在法律援助工作中作出突出贡献的组织和个人，有关的人民政府、司法行政部门应当给予表彰、奖励。

## 第二章 法律援助范围

第十条 公民对下列需要代理的事项，因经济困难没有委托代理人的，可以向法律援助机构申请法律援助：

（一）依法请求国家赔偿的；

（二）请求给予社会保险待遇或者最低生活保障待遇的；

（三）请求发给抚恤金、救济金的；

（四）请求给付赡养费、抚养费、扶养费的；

（五）请求支付劳动报酬的；

（六）主张因见义勇为行为产生的民事权益的。

省、自治区、直辖市人民政府可以对前款规定以外的法律援助事项作出补充规定。

公民可以就本条第一款、第二款规定的事项向法律援助机构申请法律咨询。

第十一条 刑事诉讼中有下列情形之一的，公民可以向法律援助机构申请法律援助：

（一）犯罪嫌疑人在被侦查机关第一次讯问后或者采取强制措施之日起，因经济困难没有聘请律师的；

（二）公诉案件中的被害人及其法定代理人或者近亲属，自案件移送审查起诉之日起，因经济困难没有委托诉讼代理人的；

（三）自诉案件的自诉人及其法定代理人，自案件被人民法院受理之日起，因经济困难没有委托诉讼代理人的。

第十二条 公诉人出庭公诉的案件，被告人因经济困难或者其他原因没有委托辩护人，人民法院为被告人指定辩护时，法律援助机构应当提供法律援助。

被告人是盲、聋、哑人或者未成年人而没有委托辩护人的，或者被告人可能被判处死刑而没有委托辩护人的，人民法院为被告人指定辩护时，法律援助机构应当提供法律援助，无须对被告人进行经济状况的审查。

第十三条　本条例所称公民经济困难的标准，由省、自治区、直辖市人民政府根据本行政区域经济发展状况和法律援助事业的需要规定。

申请人住所地的经济困难标准与受理申请的法律援助机构所在地的经济困难标准不一致的，按照受理申请的法律援助机构所在地的经济困难标准执行。

## 第三章　法律援助申请和审查

第十四条　公民就本条例第十条所列事项申请法律援助，应当按照下列规定提出：

（一）请求国家赔偿的，向赔偿义务机关所在地的法律援助机构提出申请；

（二）请求给予社会保险待遇、最低生活保障待遇或者请求发给抚恤金、救济金的，向提供社会保险待遇、最低生活保障待遇或者发给抚恤金、救济金的义务机关所在地的法律援助机构提出申请；

（三）请求给付赡养费、抚养费、扶养费的，向给付赡养费、抚养费、扶养费的义务人住所地的法律援助机构提出申请；

（四）请求支付劳动报酬的，向支付劳动报酬的义务人住所地的法律援助机构提出申请；

（五）主张因见义勇为行为产生的民事权益的，向被请求人住所地的法律援助机构提出申请。

第十五条　本条例第十一条所列人员申请法律援助的，应当向审理案件的人民法院所在地的法律援助机构提出申请。被羁押的犯罪嫌疑人的申请由看守所在24小时内转交法律援助机构，申请法律援助所需提交的有关证件、证明材料由看守所通知申请人的法定代理人或者近亲属协助提供。

第十六条　申请人为无民事行为能力人或者限制民事行为能力人的，由其法定代理人代为提出申请。

无民事行为能力人或者限制民事行为能力人与其法定代理人之间发生诉讼或者因其他利益纠纷需要法律援助的，由与该争议事项无利害关系的其他法定代理人代为提出申请。

第十七条　公民申请代理、刑事辩护的法律援助应当提交下列证件、证明材料：

（一）身份证或者其他有效的身份证明，代理申请人还应当提交有代理权的证明；

（二）经济困难的证明；

（三）与所申请法律援助事项有关的案件材料。

申请应当采用书面形式，填写申请表；以书面形式提出申请确有困难的，可以口头申请，由法律援助机构工作人员或者代为转交申请的有关机构工作人员作书面记录。

第十八条 法律援助机构收到法律援助申请后，应当进行审查；认为申请人提交的证件、证明材料不齐全的，可以要求申请人作出必要的补充或者说明，申请人未按要求作出补充或者说明的，视为撤销申请；认为申请人提交的证件、证明材料需要查证的，由法律援助机构向有关机关、单位查证。

对符合法律援助条件的，法律援助机构应当及时决定提供法律援助；对不符合法律援助条件的，应当书面告知申请人理由。

第十九条 申请人对法律援助机构作出的不符合法律援助条件的通知有异议的，可以向确定该法律援助机构的司法行政部门提出，司法行政部门应当在收到异议之日起5个工作日内进行审查，经审查认为申请人符合法律援助条件的，应当以书面形式责令法律援助机构及时对该申请人提供法律援助。

## 第四章 法律援助实施

第二十条 由人民法院指定辩护的案件，人民法院在开庭10日前将指定辩护通知书和起诉书副本或者判决书副本送交其所在地的法律援助机构；人民法院不在其所在地审判的，可以将指定辩护通知书和起诉书副本或者判决书副本送交审判地的法律援助机构。

第二十一条 法律援助机构可以指派律师事务所安排律师或者安排本机构的工作人员办理法律援助案件；也可以根据其他社会组织的要求，安排其所属人员办理法律援助案件。对人民法院指定辩护的案件，法律援助机构应当在开庭3日前将确定的承办人员名单回复作出指定的人民法院。

第二十二条 办理法律援助案件的人员，应当遵守职业道德和执业纪律，提供法律援助不得收取任何财物。

第二十三条　办理法律援助案件的人员遇有下列情形之一的，应当向法律援助机构报告，法律援助机构经审查核实的，应当终止该项法律援助：

（一）受援人的经济收入状况发生变化，不再符合法律援助条件的；

（二）案件终止审理或者已被撤销的；

（三）受援人又自行委托律师或者其他代理人的；

（四）受援人要求终止法律援助的。

第二十四条　受指派办理法律援助案件的律师或者接受安排办理法律援助案件的社会组织人员在案件结案时，应当向法律援助机构提交有关的法律文书副本或者复印件以及结案报告等材料。

法律援助机构收到前款规定的结案材料后，应当向受指派办理法律援助案件的律师或者接受安排办理法律援助案件的社会组织人员支付法律援助办案补贴。

法律援助办案补贴的标准由省、自治区、直辖市人民政府司法行政部门会同同级财政部门，根据当地经济发展水平，参考法律援助机构办理各类法律援助案件的平均成本等因素核定，并可以根据需要调整。

第二十五条　法律援助机构对公民申请的法律咨询服务，应当即时办理；复杂疑难的，可以预约择时办理。

## 第五章　法律责任

第二十六条　法律援助机构及其工作人员有下列情形之一的，对直接负责的主管人员以及其他直接责任人员依法给予纪律处分：

（一）为不符合法律援助条件的人员提供法律援助，或者拒绝为符合法律援助条件的人员提供法律援助的；

（二）办理法律援助案件收取财物的；

（三）从事有偿法律服务的；

（四）侵占、私分、挪用法律援助经费的。

办理法律援助案件收取的财物，由司法行政部门责令退还；从事有偿法律服务的违法所得，由司法行政部门予以没收；侵占、私分、挪用法律援助经费的，由司法行政部门责令追回，情节严重，构成犯罪的，依法追究刑事责任。

第二十七条　律师事务所拒绝法律援助机构的指派，不安排本所律师办理法律援助案件的，由司法行政部门给予警告、责令改正；情节严重的，给予1个月以上3个月以下停业整顿的处罚。

第二十八条 律师有下列情形之一的，由司法行政部门给予警告、责令改正；情节严重的，给予1个月以上3个月以下停止执业的处罚：

（一）无正当理由拒绝接受、擅自终止法律援助案件的；

（二）办理法律援助案件收取财物的。

有前款第（二）项违法行为的，由司法行政部门责令退还违法所得的财物，可以并处所收财物价值1倍以上3倍以下的罚款。

第二十九条 律师办理法律援助案件违反职业道德和执业纪律的，按照律师法的规定予以处罚。

第三十条 司法行政部门工作人员在法律援助的监督管理工作中，有滥用职权、玩忽职守行为的，依法给予行政处分；情节严重，构成犯罪的，依法追究刑事责任。

## 第六章 附 则

第三十一条 本条例自2003年9月1日起施行。

# 附录六 中国注册志愿者管理办法

## 第一章 总 则

第一条 为规范志愿者注册工作，加强注册志愿者管理，特制定本办法。

第二条 志愿者（Volunteer，也称志愿人员、义工、志工）是指不以物质报酬为目的，利用自己的时间、技能等资源，自愿为社会和他人提供服务和帮助的人。

第三条 注册志愿者（China Registered Volunteer）是指按照本办法规定的程序，在共青团组织、志愿者组织注册登记、参加服务活动的志愿者。

## 第二章 注 册

第四条 基本条件

（一）年满十八周岁或十六至十八周岁以自己劳动收入为主要生活来源者；十四至十八周岁者，须经其法定代理人同意。

（二）具备参加志愿服务相应的基本能力和身体素质。

（三）遵守国家法律法规和注册机构的相关规定。

第五条 注册机构

市（地、州、盟）、县（市、区、旗）、乡（镇、街道）以及大中专院校团组织、志愿者组织为志愿者注册机构。社区和机关团体、企事业单位、中学的团组织、志愿者组织（含志愿者服务站、服务队、服务团队等），经所在地注册机构同意可以开展志愿者注册工作。

第六条 注册程序

（一）申请人直接到开展志愿者注册工作的团组织、志愿者组织提出申请或通过网络、电话等方式提出申请，填写《志愿者注册登记表》。

（二）注册机构对申请人进行审核。

（三）审核合格，注册机构向申请人颁发“中国注册志愿者证”、“中国志愿者”胸章。注册证上标注全国统一的注册号（即注册志愿者的身份证号）；注册机构可根据实际需要，为注册志愿者编制本地管理服务号码。

## 第三章 权利和义务

第七条 权利

（一）参加志愿服务活动。

（二）接受相关的志愿服务培训。

（三）要求获得从事志愿服务的必需条件和必要保障。

（四）优先获得志愿者组织和其他志愿者提供的服务。

（五）对志愿服务工作提出意见和建议。

（六）相关法律、法规、政策所赋予的权利。

（七）可申请取消注册志愿者身份。

第八条 义务

（一）遵守国家法律法规及团组织、志愿者组织的相关规定。

（二）每名注册志愿者每年参加志愿服务时间累计不少于20小时。

（三）履行志愿服务承诺，传播志愿服务理念。

（四）自觉维护团组织、志愿者组织和志愿者的形象。

（五）自觉维护服务对象的合法权益。

（六）自觉抵制任何以志愿者身份从事的赢利活动或其他违背社会公德的活动（行为）。

（七）履行相关法律法规及团组织、志愿者组织规定的其他义务。

## 第四章 志愿服务

第九条 志愿服务

（一）志愿服务是指志愿者组织、志愿者服务社会公众生产生活和促进社会发展进步的行为。

（二）志愿服务范围主要包括：扶贫开发、社区建设、环境保护、大型赛会、应急救助、海外服务等。

（三）团组织、志愿者组织根据服务对象的需求，向注册志愿者发布服务信息、提供服务岗位，志愿者按照相关要求开展志愿服务。注册志愿者也可按照相关规定自行开展志愿服务。提倡具有相同服务意向和志趣爱好的注册志愿者在团组织、志愿者组织指导下结成志愿服务团队开展服务。

（四）注册志愿者参加志愿服务，应通过与志愿者组织或服务对象签订服务协议书等形式，明确服务内容、时间和有关的权利、义务。未满十八周岁的注册志愿者可参加与其年龄、智力相适应的志愿服务。

（五）各级团组织、志愿者组织可依托服务需求相对集中的社会公益机构，通过签订协议、命名挂牌等形式创建志愿服务基地，探索建立志愿者经常性、就近就便开展志愿服务的有效机制。

## 第五章　组织与管理

第十条　组织机构

（一）共青团中央青年志愿者工作部、中国青年志愿者协会秘书处负责全国注册志愿者工作的规划、协调和指导。

（二）省级团委、志愿者协会根据本地区、本系统的实际，制定相应的实施细则，广泛推行志愿者注册制度。根据实际需要，也可直接开展志愿者注册工作。

（三）市、县两级团委应普遍建立志愿者专门工作机构和志愿者协会，安排专人负责志愿者注册和管理工作。

（四）县级以下基层团组织应通过建立志愿者协会、创建志愿者服务站、培育志愿服务伙伴、发展志愿者服务队和服务团队等形式，广泛开展志愿者注册工作，实现志愿者注册和服务的便利化。

（五）注册机构及其下属的团组织、志愿者组织负责志愿者的管理服务，建立健全宣传动员、注册登记、管理培训、考核评价、激励表彰等制度。

第十一条　日常管理

（一）注册志愿者参加志愿服务后，由服务对象或组织者提供志愿者的服务时间、服务内容等证明，注册机构及其下属团组织、志愿者组织予以认定。服务时间为实际服务时间（不含往返时间），以小时为单位计量。

（二）注册机构应建立健全注册志愿者档案管理系统，逐步实现网上注册和管理，促进管理工作的科学化、制度化、规范化。

（三）注册志愿者使用全国统一的标识。开展志愿服务活动时，注册志愿者应佩带以全国统一标识为主体图案的标志。志愿者旗帜和服装以红、蓝、白为基本色调。

（四）注册机构可在重大活动时或定期组织志愿者进行宣誓。志愿者誓词：我愿意成为一名光荣的志愿者。我承诺：尽己所能，不计报酬，帮助他人，服务社会，践行志愿精神，传播先进文化，为构建和谐社会贡献力量！

（五）注册志愿者培训工作主要由注册机构及其下属的团组织、志愿者组织负责，对注册志愿者申请人进行志愿服务基本理念培训，定期向注册志愿者提供志愿服务相关技能等方面的培训，向志愿者骨干提供专门的培训，提高志愿者的服务能力和综合素质。

（六）团组织、志愿者组织应落实和保障注册志愿者的权益。探索和完善注册志愿者服务时间储蓄制度，使注册志愿者在本人需要帮助时，优先得到志愿者组织和其他志愿者的服务。

（七）对拒不履行义务的，注册机构可取消其注册志愿者身份。

（八）注册志愿者在志愿者组织安排的志愿服务过程中对服务对象造成损害的，由志愿者组织承担责任；志愿者组织承担责任后，有权向有故意或者重大过失的注册志愿者追偿。

（九）如服务对象在接受服务过程中对注册志愿者造成损害，志愿者组织应当支持受损害的注册志愿者向有关服务对象追偿损失，并提供必要的帮助。

（十）注册志愿者可在团组织、志愿者组织指导下参加管理工作，成为管理型志愿者。发挥管理型志愿者和志愿者骨干的能动性，探索志愿者自我管理的有效途径。

## 第六章　激励和表彰

第十二条　团组织、志愿者组织依据已认定的注册志愿者服务时间，实行星级认证制度和奖章授予制度；结合注册志愿者服务业绩，推荐其参加评选表彰活动。

第十三条　星级认证制度

注册机构根据志愿者注册后参加志愿服务的时间累计，认定其为一至五星志愿者。星级志愿者佩戴相应标志。

（一）志愿者注册后，参加志愿服务时间累计达到30小时的，认定为“一星志愿者”；

（二）志愿者注册后，参加志愿服务时间累计达到60小时的，认定为“二星志愿者”；

（三）志愿者注册后，参加志愿服务时间累计达到100小时的，认定为“三星志愿者”；

（四）志愿者注册后，参加志愿服务时间累计达到200小时的，认定为“四星志愿者”；

（五）志愿者注册后，参加志愿服务时间累计达到300小时的，认定为“五星志愿者”；

（六）注册机构对星级志愿者认定后，在其注册证及相关标识上进行标注。

第十四条　奖章授予制度

团组织、志愿者组织根据志愿者注册后参加志愿服务的时间累计，授予不同级别的志愿服务奖章。

（一）注册志愿者自获得“五星志愿者”后，参加志愿服务时间累计达到500小时的，由地（市）级团委、志愿者协会授予奖章。

（二）注册志愿者自获得地（市）级奖章后，参加志愿服务时间累计达到800小时的，由省级团委、志愿者协会授予奖章。

（三）注册志愿者自获得省级奖章后，参加志愿服务时间累计达到1 000小时的，由共青团中央、中国青年志愿者协会授予奖章。

（四）连续专门从事志愿服务超过6个月的，可视情况直接授予地（市）级及以上级别奖章。

（五）奖章获得者名单应及时报上级团组织、志愿者组织备案。奖章授予可视实际情况定期举行。

第十五条　各级团组织、志愿者组织主要依据注册志愿者的服务业绩，参考服务时间，定期组织开展评选表彰活动，授予志愿者荣誉称号。

## 第七章　附　则

第十六条　长期在中国内地工作、学习、生活的港澳同胞、台湾同胞和海外华人华侨及外国人申请注册的，由注册机构会同有关部门按相关规定办理。

第十七条　本办法的修改、变更、解释权属于共青团中央青年志愿者工作部、中国青年志愿者协会秘书处。

第十八条　本办法自公布之日起施行。2002 年颁布的《中国青年志愿者注册办法》（试行）同时废止。

# 附录七　信访条例

## 第一章　总　则

第一条　为了保持各级人民政府同人民群众的密切联系，保护信访人的合法权益，维护信访秩序，制定本条例。

第二条　本条例所称信访，是指公民、法人或者其他组织采用书信、电子邮件、传真、电话、走访等形式，向各级人民政府、县级以上人民政府工作部门反映情况，提出建议、意见或者投诉请求，依法由有关行政机关处理的活动。

采用前款规定的形式，反映情况，提出建议、意见或者投诉请求的公民、法人或者其他组织，称信访人。

第三条　各级人民政府、县级以上人民政府工作部门应当做好信访工作，认真处理来信、接待来访，倾听人民群众的意见、建议和要求，接受人民群众的监督，努力为人民群众服务。

各级人民政府、县级以上人民政府工作部门应当畅通信访渠道，为信访人采用本条例规定的形式反映情况，提出建议、意见或者投诉请求提供便利条件。

任何组织和个人不得打击报复信访人。

第四条　信访工作应当在各级人民政府领导下，坚持属地管理、分级负责，谁主管、谁负责，依法、及时、就地解决问题与疏导教育相结合的原则。

第五条　各级人民政府、县级以上人民政府工作部门应当科学、民主决策，依法履行职责，从源头上预防导致信访事项的矛盾和纠纷。

县级以上人民政府应当建立统一领导、部门协调，统筹兼顾、标本兼治，各负其责、齐抓共管的信访工作格局，通过联席会议、建立排查调处机制、建立信访督查工作制度等方式，及时化解矛盾和纠纷。

各级人民政府、县级以上人民政府各工作部门的负责人应当阅批重要来信、接待重要来访、听取信访工作汇报，研究解决信访工作中的突出问题。

第六条 县级以上人民政府应当设立信访工作机构；县级以上人民政府工作部门及乡、镇人民政府应当按照有利工作、方便信访人的原则，确定负责信访工作的机构（以下简称信访工作机构）或者人员，具体负责信访工作。

县级以上人民政府信访工作机构是本级人民政府负责信访工作的行政机构，履行下列职责：

（一）受理、交办、转送信访人提出的信访事项；

（二）承办上级和本级人民政府交由处理的信访事项；

（三）协调处理重要信访事项；

（四）督促检查信访事项的处理；

（五）研究、分析信访情况，开展调查研究，及时向本级人民政府提出完善政策和改进工作的建议；

（六）对本级人民政府其他工作部门和下级人民政府信访工作机构的信访工作进行指导。

第七条 各级人民政府应当建立健全信访工作责任制，对信访工作中的失职、渎职行为，严格依照有关法律、行政法规和本条例的规定，追究有关责任人员的责任，并在一定范围内予以通报。

各级人民政府应当将信访工作绩效纳入公务员考核体系。

第八条 信访人反映的情况，提出的建议、意见，对国民经济和社会发展或者对改进国家机关工作以及保护社会公共利益有贡献的，由有关行政机关或者单位给予奖励。

对在信访工作中做出优异成绩的单位或者个人，由有关行政机关给予奖励。

## 第二章 信访渠道

第九条 各级人民政府、县级以上人民政府工作部门应当向社会公布信访工作机构的通信地址、电子信箱、投诉电话、信访接待的时间和地点、查询信访事项处理进展及结果的方式等相关事项。

各级人民政府、县级以上人民政府工作部门应当在其信访接待场所或者网站公布与信访工作有关的法律、法规、规章，信访事项的处理程序，以及其他为信访人提供便利的相关事项。

第十条 设区的市级、县级人民政府及其工作部门，乡、镇人民政府应当建立行政机关负责人信访接待日制度，由行政机关负责人协调处理信访事项。信访人可以在公布的接待日和接待地点向有关行政机关负责人当面反映信访事项。

县级以上人民政府及其工作部门负责人或者其指定的人员，可以就信访人反映突出的问题到信访人居住地与信访人面谈沟通。

第十一条 国家信访工作机构充分利用现有政务信息网络资源，建立全国信访信息系统，为信访人在当地提出信访事项、查询信访事项办理情况提供便利。

县级以上地方人民政府应当充分利用现有政务信息网络资源，建立或者确定本行政区域的信访信息系统，并与上级人民政府、政府有关部门、下级人民政府的信访信息系统实现互联互通。

第十二条 县级以上各级人民政府的信访工作机构或者有关工作部门应当及时将信访人的投诉请求输入信访信息系统，信访人可以持行政机关出具的投诉请求受理凭证到当地人民政府的信访工作机构或者有关工作部门的接待场所查询其所提出的投诉请求的办理情况。具体实施办法和步骤由省、自治区、直辖市人民政府规定。

第十三条 设区的市、县两级人民政府可以根据信访工作的实际需要，建立政府主导、社会参与、有利于迅速解决纠纷的工作机制。

信访工作机构应当组织相关社会团体、法律援助机构、相关专业人员、社会志愿者等共同参与，运用咨询、教育、协商、调解、听证等方法，依法、及时、合理处理信访人的投诉请求。

## 第三章 信访事项的提出

第十四条 信访人对下列组织、人员的职务行为反映情况，提出建议、意见，或者不服下列组织、人员的职务行为，可以向有关行政机关提出信访事项：

（一）行政机关及其工作人员；

（二）法律、法规授权的具有管理公共事务职能的组织及其工作人员；

（三）提供公共服务的企业、事业单位及其工作人员；

（四）社会团体或者其他企业、事业单位中由国家行政机关任命、派出的人员；

（五）村民委员会、居民委员会及其成员。

对依法应当通过诉讼、仲裁、行政复议等法定途径解决的投诉请求，信访人应当依照有关法律、行政法规规定的程序向有关机关提出。

第十五条　信访人对各级人民代表大会以及县级以上各级人民代表大会常务委员会、人民法院、人民检察院职权范围内的信访事项，应当分别向有关的人民代表大会及其常务委员会、人民法院、人民检察院提出，并遵守本条例第十六条、第十七条、第十八条、第十九条、第二十条的规定。

第十六条　信访人采用走访形式提出信访事项，应当向依法有权处理的本级或者上一级机关提出；信访事项已经受理或者正在办理的，信访人在规定期限内向受理、办理机关的上级机关再提出同一信访事项的，该上级机关不予受理。

第十七条　信访人提出信访事项，一般应当采用书信、电子邮件、传真等书面形式；信访人提出投诉请求的，还应当载明信访人的姓名（名称）、住址和请求、事实、理由。

有关机关对采用口头形式提出的投诉请求，应当记录信访人的姓名（名称）、住址和请求、事实、理由。

第十八条　信访人采用走访形式提出信访事项的，应当到有关机关设立或者指定的接待场所提出。

多人采用走访形式提出共同的信访事项的，应当推选代表，代表人数不得超过5人。

第十九条　信访人提出信访事项，应当客观真实，对其所提供材料内容的真实性负责，不得捏造、歪曲事实，不得诬告、陷害他人。

第二十条　信访人在信访过程中应当遵守法律、法规，不得损害国家、社会、集体的利益和其他公民的合法权利，自觉维护社会公共秩序和信访秩序，不得有下列行为：

（一）在国家机关办公场所周围、公共场所非法聚集，围堵、冲击国家机关，拦截公务车辆，或者堵塞、阻断交通的；

（二）携带危险物品、管制器具的；

（三）侮辱、殴打、威胁国家机关工作人员，或者非法限制他人人身自由的；

（四）在信访接待场所滞留、滋事，或者将生活不能自理的人弃留在信访接待场所的；

（五）煽动、串联、胁迫、以财物诱使、幕后操纵他人信访或者以信访为名借机敛财的；

（六）扰乱公共秩序、妨害国家和公共安全的其他行为。

## 第四章　信访事项的受理

第二十一条　县级以上人民政府信访工作机构收到信访事项，应当予以登记，并区分情况，在15日内分别按下列方式处理：

（一）对本条例第十五条规定的信访事项，应当告知信访人分别向有关的人民代表大会及其常务委员会、人民法院、人民检察院提出。对已经或者依法应当通过诉讼、仲裁、行政复议等法定途径解决的，不予受理，但应当告知信访人依照有关法律、行政法规规定程序向有关机关提出。

（二）对依照法定职责属于本级人民政府或者其工作部门处理决定的信访事项，应当转送有权处理的行政机关；情况重大、紧急的，应当及时提出建议，报请本级人民政府决定。

（三）信访事项涉及下级行政机关或者其工作人员的，按照“属地管理、分级负责，谁主管、谁负责”的原则，直接转送有权处理的行政机关，并抄送下一级人民政府信访工作机构。

县级以上人民政府信访工作机构要定期向下一级人民政府信访工作机构通报转送情况，下级人民政府信访工作机构要定期向上一级人民政府信访工作机构报告转送信访事项的办理情况。

（四）对转送信访事项中的重要情况需要反馈办理结果的，可以直接交由有权处理的行政机关办理，要求其在指定办理期限内反馈结果，提交办结报告。

按照前款第（二）项至第（四）项规定，有关行政机关应当自收到转送、交办的信访事项之日起15日内决定是否受理并书面告知信访人，并按要求通报信访工作机构。

第二十二条 信访人按照本条例规定直接向各级人民政府信访工作机构以外的行政机关提出的信访事项，有关行政机关应当予以登记；对符合本条例第十四条第一款规定并属于本机关法定职权范围的信访事项，应当受理，不得推诿、敷衍、拖延；对不属于本机关职权范围的信访事项，应当告知信访人向有权的机关提出。

有关行政机关收到信访事项后，能够当场答复是否受理的，应当当场书面答复；不能当场答复的，应当自收到信访事项之日起 15 日内书面告知信访人。但是，信访人的姓名（名称）、住址不清的除外。

有关行政机关应当相互通报信访事项的受理情况。

第二十三条 行政机关及其工作人员不得将信访人的检举、揭发材料及有关情况透露或者转给被检举、揭发的人员或者单位。

第二十四条 涉及两个或者两个以上行政机关的信访事项，由所涉及的行政机关协商受理；受理有争议的，由其共同的上一级行政机关决定受理机关。

第二十五条 应当对信访事项作出处理的行政机关分立、合并、撤销的，由继续行使其职权的行政机关受理；职责不清的，由本级人民政府或者其指定的机关受理。

第二十六条 公民、法人或者其他组织发现可能造成社会影响的重大、紧急信访事项和信访信息时，可以就近向有关行政机关报告。地方各级人民政府接到报告后，应当立即报告上一级人民政府；必要时，通报有关主管部门。县级以上地方人民政府有关部门接到报告后，应当立即报告本级人民政府和上一级主管部门；必要时，通报有关主管部门。国务院有关部门接到报告后，应当立即报告国务院；必要时，通报有关主管部门。

行政机关对重大、紧急信访事项和信访信息不得隐瞒、谎报、缓报，或者授意他人隐瞒、谎报、缓报。

第二十七条 对于可能造成社会影响的重大、紧急信访事项和信访信息，有关行政机关应当在职责范围内依法及时采取措施，防止不良影响的产生、扩大。

## 第五章 信访事项的办理和督办

第二十八条 行政机关及其工作人员办理信访事项，应当恪尽职守、秉公办事，查明事实、分清责任，宣传法制、教育疏导，及时妥善处理，不得推诿、敷衍、拖延。

第二十九条　信访人反映的情况，提出的建议、意见，有利于行政机关改进工作、促进国民经济和社会发展的，有关行政机关应当认真研究论证并积极采纳。

第三十条　行政机关工作人员与信访事项或者信访人有直接利害关系的，应当回避。

第三十一条　对信访事项有权处理的行政机关办理信访事项，应当听取信访人陈述事实和理由；必要时可以要求信访人、有关组织和人员说明情况；需要进一步核实有关情况的，可以向其他组织和人员调查。

对重大、复杂、疑难的信访事项，可以举行听证。听证应当公开举行，通过质询、辩论、评议、合议等方式，查明事实，分清责任。听证范围、主持人、参加人、程序等由省、自治区、直辖市人民政府规定。

第三十二条　对信访事项有权处理的行政机关经调查核实，应当依照有关法律、法规、规章及其他有关规定，分别作出以下处理，并书面答复信访人：

（一）请求事实清楚，符合法律、法规、规章或者其他有关规定的，予以支持；

（二）请求事由合理但缺乏法律依据的，应当对信访人做好解释工作；

（三）请求缺乏事实根据或者不符合法律、法规、规章或者其他有关规定的，不予支持。

有权处理的行政机关依照前款第（一）项规定作出支持信访请求意见的，应当督促有关机关或者单位执行。

第三十三条　信访事项应当自受理之日起60日内办结；情况复杂的，经本行政机关负责人批准，可以适当延长办理期限，但延长期限不得超过30日，并告知信访人延期理由。法律、行政法规另有规定的，从其规定。

第三十四条　信访人对行政机关作出的信访事项处理意见不服的，可以自收到书面答复之日起30日内请求原办理行政机关的上一级行政机关复查。收到复查请求的行政机关应当自收到复查请求之日起30日内提出复查意见，并予以书面答复。

第三十五条 信访人对复查意见不服的，可以自收到书面答复之日起 30 日内向复查机关的上一级行政机关请求复核。收到复核请求的行政机关应当自收到复核请求之日起 30 日内提出复核意见。

复核机关可以按照本条例第三十一条第二款的规定举行听证，经过听证的复核意见可以依法向社会公示。听证所需时间不计算在前款规定的期限内。

信访人对复核意见不服，仍然以同一事实和理由提出投诉请求的，各级人民政府信访工作机构和其他行政机关不再受理。

第三十六条 县级以上人民政府信访工作机构发现有关行政机关有下列情形之一的，应当及时督办，并提出改进建议：

（一）无正当理由未按规定的办理期限办结信访事项的；

（二）未按规定反馈信访事项办理结果的；

（三）未按规定程序办理信访事项的；

（四）办理信访事项推诿、敷衍、拖延的；

（五）不执行信访处理意见的；

（六）其他需要督办的情形。

收到改进建议的行政机关应当在 30 日内书面反馈情况；未采纳改进建议的，应当说明理由。

第三十七条 县级以上人民政府信访工作机构对于信访人反映的有关政策性问题，应当及时向本级人民政府报告，并提出完善政策、解决问题的建议。

第三十八条 县级以上人民政府信访工作机构对在信访工作中推诿、敷衍、拖延、弄虚作假造成严重后果的行政机关工作人员，可以向有关行政机关提出给予行政处分的建议。

第三十九条 县级以上人民政府信访工作机构应当就以下事项向本级人民政府定期提交信访情况分析报告：

（一）受理信访事项的数据统计、信访事项涉及领域以及被投诉较多的机关；

（二）转送、督办情况以及各部门采纳改进建议的情况；

（三）提出的政策性建议及其被采纳情况。

## 第六章 法律责任

第四十条 因下列情形之一导致信访事项发生，造成严重后果的，对直接负责的主管人员和其他直接责任人员，依照有关法律、行政法规的规定给予行政处分；构成犯罪的，依法追究刑事责任：

（一）超越或者滥用职权，侵害信访人合法权益的；

（二）行政机关应当作为而不作为，侵害信访人合法权益的；

（三）适用法律、法规错误或者违反法定程序，侵害信访人合法权益的；

（四）拒不执行有权处理的行政机关作出的支持信访请求意见的。

第四十一条 县级以上人民政府信访工作机构对收到的信访事项应当登记、转送、交办而未按规定登记、转送、交办，或者应当履行督办职责而未履行的，由其上级行政机关责令改正；造成严重后果的，对直接负责的主管人员和其他直接责任人员依法给予行政处分。

第四十二条 负有受理信访事项职责的行政机关在受理信访事项过程中违反本条例的规定，有下列情形之一的，由其上级行政机关责令改正；造成严重后果的，对直接负责的主管人员和其他直接责任人员依法给予行政处分：

（一）对收到的信访事项不按规定登记的；

（二）对属于其法定职权范围的信访事项不予受理的；

（三）行政机关未在规定期限内书面告知信访人是否受理信访事项的。

第四十三条 对信访事项有权处理的行政机关在办理信访事项过程中，有下列行为之一的，由其上级行政机关责令改正；造成严重后果的，对直接负责的主管人员和其他直接责任人员依法给予行政处分：

（一）推诿、敷衍、拖延信访事项办理或者未在法定期限内办结信访事项的；

（二）对事实清楚，符合法律、法规、规章或者其他有关规定的投诉请求未予支持的。

第四十四条 行政机关工作人员违反本条例规定，将信访人的检举、揭发材料或者有关情况透露、转给被检举、揭发的人员或者单位的，依法给予行政处分。

行政机关工作人员在处理信访事项过程中，作风粗暴，激化矛盾并造成严重后果的，依法给予行政处分。

第四十五条 行政机关及其工作人员违反本条例第二十六条规定，对可能造成社会影响的重大、紧急信访事项和信访信息，隐瞒、谎报、缓报，或者授意他人隐瞒、谎报、缓报，造成严重后果的，对直接负责的主管人员和其他直接责任人员依法给予行政处分；构成犯罪的，依法追究刑事责任。

第四十六条 打击报复信访人，构成犯罪的，依法追究刑事责任；尚不构成犯罪的，依法给予行政处分或者纪律处分。

第四十七条 违反本条例第十八条、第二十条规定的，有关国家机关工作人员应当对信访人进行劝阻、批评或者教育。

经劝阻、批评和教育无效的，由公安机关予以警告、训诫或者制止；违反集会游行示威的法律、行政法规，或者构成违反治安管理行为的，由公安机关依法采取必要的现场处置措施、给予治安管理处罚；构成犯罪的，依法追究刑事责任。

第四十八条 信访人捏造歪曲事实、诬告陷害他人，构成犯罪的，依法追究刑事责任；尚不构成犯罪的，由公安机关依法给予治安管理处罚。

## 第七章 附 则

第四十九条 社会团体、企业事业单位的信访工作参照本条例执行。

第五十条 对外国人、无国籍人、外国组织信访事项的处理，参照本条例执行。

第五十一条 本条例自2005年5月1日起施行。1995年10月28日国务院发布的《信访条例》同时废止。

# 后 记

《社区工作案例教程》从酝酿到成书走过了三个年头。它是北京市东城区政府购买服务项目的一个衍生成果。出书的想法来自服务购买方建国门街道，我们共同策划、完成了本书。

这本书的编写非常特别。撰写队伍是一个跨界组合，主要由两方构成，一方是一线社区工作者，另一方是高校在读的社会工作专业硕士研究生。读者可以从本书的行文中看出交织着的两种不同风格。编写本书的目的是希望提炼一线社区工作者们的智慧与经验，同时融入受过社会工作专业训练的人员的专业解读。本书是“草根”之作，有着一线工作者鲜活的经验；本书也是社区工作经验的升华之作，能让我们看到纷繁多样的社区工作事务中隐含着的价值理念和知识元素。本书的跨界组合作者队伍力图将实践知识与理论知识相结合，希望能丰富对我国社区工作的内容与方法的理解。在探索适合中国国情的社区工作专业方法的道路上，我们期待本书能起到独特的作用。

感谢参加此书编写的中国人民大学2010级研究生薛国战、王一帆和聂怡然，他们的辛勤工作为本书增添了光彩。感谢支持本书编写和出版的北京市东城区建国门街道的领导和社区居委会主任们，从你们身上我学习到了很多宝贵的东西。期待本书能给对社区工作感兴趣的读者以参考及启示。

**隋玉杰**

2013年10月11日于苏州

**图书在版编目（CIP）数据**

社区工作案例教程/高琦，李卫华主编．—北京：中国人民大学出版社，2013.10
21世纪社会工作案例教材
ISBN 978-7-300-18238-4

Ⅰ.①社… Ⅱ.①高… ②李… Ⅲ.①社区-工作-案例-中国-教材 Ⅳ.①D669.3

中国版本图书馆CIP数据核字（2013）第245305号

21世纪社会工作案例教材
**社区工作案例教程**
高 琦 李卫华 主 编
隋玉杰 王 珩 蒋利霞 执行主编
Shequgongzuo Anli Jiaocheng

| | | | |
|---|---|---|---|
| **出版发行** | 中国人民大学出版社 | | |
| **社　　址** | 北京中关村大街31号 | **邮政编码** | 100080 |
| **电　　话** | 010－62511242（总编室） | | 010－62511770（质管部） |
| | 010－82501766（邮购部） | | 010－62514148（门市部） |
| | 010－62515195（发行公司） | | 010－62515275（盗版举报） |
| **网　　址** | http://www.crup.com.cn | | |
| | http://www.ttrnet.com(人大教研网) | | |
| **经　　销** | 新华书店 | | |
| **印　　刷** | 北京宏伟双华印刷有限公司 | | |
| **规　　格** | 185 mm×260 mm　16开本 | **版　　次** | 2014年1月第1版 |
| **印　　张** | 11.5 | **印　　次** | 2022年12月第6次印刷 |
| **字　　数** | 158 000 | **定　　价** | 29.00元 |